Thomas Hartl

# Raus aus der Angst – rein ins Leben



vianova
Verlag Via Nova

Thomas Hartl

# Raus aus der Angst – *rein ins Leben*

## Endlich frei, leicht und selbstbestimmt

vianova
Verlag Via Nova

**Hinweis:**
Dieses Buch gibt Anregungen, wie man das Leben freier und leichter gestalten kann. Das Buch ist jedoch in keiner Weise eine therapeutische Anleitung im Falle psychischer Krisen. Personen mit psychischen Problemen (Angststörungen, Depressionen etc.) sollten sich unbedingt einer professionellen Behandlung eines erfahrenen Arztes oder Therapeuten anvertrauen. Eine Haftung des Autors und des Verlages aus dem Inhalt dieses Werkes ist ausgeschlossen.

---

1. Auflage 2016

**Verlag Via Nova, Alte Landstr. 12, 36100 Petersberg**

Telefon: (06 61) 6 29 73

Fax: (06 61) 96 79 560

E-Mail: info@verlag-vianova.de

Internet: www.verlag-vianova.de

Umschlaggestaltung: Guter Punkt, München

Satz: Sebastian Carl, Amerang

Druck und Verarbeitung: Appel und Klinger, 96277 Schneckenlohe



ISBN 978-3-86616-379-9

---

*Für Wolf*

# Inhalt

# Vorwort

*Was sagst du zum Thema „leicht und frei leben“?*

Blöde Frage. Was soll ich dazu sagen?

*Probieren wir es anders: Willst du ein leichtes und freies Leben? Ohne Sorgen und Ängste?*

Schon wieder so eine blöde Frage. Wer will das nicht?

*Und? Bist du frei, lebst du leicht?*

Ja sicher. Sag mal, hast du sie noch alle?

*Du fühlst dich also wirklich frei? So richtig? Lebst leicht, ohne große Lasten?*

So frei und leicht, wie man halt kann. Klar habe ich Verpflichtungen. Das Leben ist kein Honigschlecken. Irgendwer muss ja alles regeln, muss sich um die Kinder kümmern, der Kredit zahlt sich auch nicht von selbst.

*Entschuldige, dass ich dich unterbreche. Das hört sich jetzt nicht so toll an für mich.*

Sag mal, was willst du eigentlich? Mir blöd kommen?

*Um Gottes willen, nein. Ich recherchiere nur eben für ein Buch und da frage ich halt herum.*

Und, genug gefragt?

*Eins noch. Sei mir nicht böse, dass ich das frage: Wie sieht es in dir drinnen aus, bist du da frei? Ich meine, vom Gefühl her.*

Jetzt reicht es aber! Innen frei? Was soll denn das wieder heißen?

*Na, du weißt schon. Ob du dir vielleicht zu viel Sorgen machst, ob du dein eigener Herr bist oder dich als Opfer fühlst, ob du der bist, der du sein möchtest, ob du dir zu sagen traust, was du denkst, solche Sachen halt.*

Langsam mache ich mir Sorgen, aber um *dich*. Wenn ich dich nicht schon lange kennen würde, würde ich jetzt etwas sagen, was nicht so nett wäre, aber dann würdest *du* dich als Opfer fühlen. Soll ich sagen, was ich sagen möchte?

*Sei so frei, mein Lieber, sag es ruhig.*

Okay. Du gehst mir ziemlich auf den Sack! Wer lebt schon leicht? Wirklich leicht und frei meine ich. Wir alle strampeln uns ab und sind froh, wenn wir über die Runden kommen. Das ist halt so. Und mir ist das genug. Warum sollte ich noch freier sein wollen?

*Weil es vielleicht ein besseres, glücklicheres und aufregenderes Leben gibt als das, das du bisher geführt hast?*

Was brauche ich das? Ich habe so viel um die Ohren, was brauche ich noch mehr Aufregung?

*Du verstehst mich nicht. Du willst mich nicht verstehen. Du willst nicht über das Leben nachdenken, sei doch ehrlich!*

Stimmt. Was soll ich dauernd nachdenken über das Leben? Mach du das doch. Ist doch dein Job. Denke du für mich nach. Schreib es auf, kurz und knackig, und ich lese das dann mal. Vielleicht.

*Dies ist hiermit geschehen, mein Freund. Jetzt also lies.*

# Einleitung

Ich glaube an ein Leben nach dem Tod. Und ich glaube an ein Leben vor dem Tod. Ersteres wird sich von selbst einstellen, Letzteres leider nicht. Leben will erkämpft werden, Leben muss man sich erobern. Um dies tun zu können, muss einem erst einmal klar sein, *wie* man lebt. Und genau das ist vielen *nicht* klar. Man macht sich einfach nicht allzu viele Gedanken über sein Leben, man achtet nicht darauf, wie es sich anfühlt, ob man es genießt, ob man glücklich damit ist, man lebt einfach so vor sich hin. Meist dreht sich alles um das, was man tut. Man definiert sich über seine Arbeit. Lernen wir jemanden kennen, fragen wir ihn als Erstes, was er macht. Und meinen damit seinen Beruf. Wir fragen nicht, ob er sich gutfühlt, ob er sein Leben genießt, sondern: „Und, was machst du so?" Wir sind ein Volk der Macher. Das ist nichts Schlechtes an sich, doch es greift zu kurz. Sich zu definieren, womit man seine Brötchen verdient, ist zwar üblich, aber auch schuld an der Misere, die wir „Leben" nennen.

Viele von uns verbringen ihr Dasein wir Tiere im Käfig. Manche sind eingesperrt in einem engen, begrenzten Raum, bei anderen steht die Gittertür zwar offen und sie können auch den Raum verlassen, doch sie haben eine Kette um den Hals und der Auslauf ist begrenzt. Lebt man sein Leben viele Jahre wie in einem Käfig (man ist dort zwar sicher, aber begrenzt), so verlernt man das, was man Freiheit nennt. Fällt die Kette um den Hals plötzlich ab und die Tür geht auf, so sind wir verwundert oder erstarren sogar. Wir schleichen zum Ausgang, sehen vielleicht hinaus, links und rechts, könnten den Schritt hinaus machen, könnten uns wegbegeben. Wozu entscheiden wir uns? Gehen wir in die Freiheit oder warten wir auf den Mann mit dem Schlüssel, der die Tür wieder schließt? Verhalten wir uns wie ein Zootier, das plötzlich ausgewildert werden soll? Trauen wir uns aus Furcht vor der Freiheit nicht aus dem Käfig? Immerhin, wir wissen nicht, was uns da draußen erwartet. Wer wird uns Futter geben, wenn wir uns davonstehlen? Wer wird die Tür abends wieder schließen, damit wir in Sicherheit sind? Wer wird für unser Lebensglück (und unser Leiden) verantwortlich sein? Wir selbst? Das haben wir nicht gelernt. Oder haben wir es nur *ver*lernt?

Freiheit ist ein Wagnis. Freiheit erfordert Mut. Im Gegensatz zu den Tieren im Zoo ist unsere Unfreiheit aber weitgehend selbstgewählt. Wir verbringen unser Leben im Versuch, sicher und ohne Aufregung zu leben; in einem Korsett, welches wir uns selbst angelegt haben oder das wir uns ohne großen Widerstand haben anlegen lassen. Ein Korsett, das sich manchmal zwar recht eng anfühlt und uns die Luft zum Atmen nimmt, aber uns auch Form und Halt gibt. Wenn uns davon schwindelig wird, laufen wir zum Arzt und schlucken Pillen. Wenn uns das Korsett schmerzt, laufen wir zum Arzt und schlucken Pillen. Wenn es uns die Luft abschnürt und uns die Freude am Leben nimmt – erraten –, laufen wir zum Arzt und schlucken Pillen.

Wenn wir nicht in einem real existierenden Gefängnis sitzen oder an einer sehr schweren Krankheit leiden, dann sind wir in der Lage, dieses Korsett abzulegen. Wenn wir nur mutig genug dafür sind. Wenn wir uns dazu entschließen. Wenn wir handeln. Jedem Anfang wohnt ein Zaudern inne, aber wir können das Zaudern überwinden. Wir können unser Gefängnis verlassen, einen ersten Schritt tun, einen zweiten. Wir können losrennen, wir können unsere Kreise ziehen, diese immer weiter und weiter ausdehnen, wir können abheben, gleiten, fliegen, wir können frei sein.

Wir können frei sein. Wenn wir mutig sind.

Wir leben in einem freien Land, dürfen sagen und tun, was wir wollen (in den Grenzen unserer Gemeinschaftsregeln), wir werden oft sogar ermuntert (wie auch hier), uns doch mehr Freiheit zu gönnen. *Aber:* Wie bitte schön geht denn das? Wie überwindet man seine Ängste? Wie erlangt man Freiheit? Und: Was soll ich denn überhaupt machen, wenn ich frei wäre? Da müsste man ja auch noch Phantasie entwickeln! Es ist aber auch eine Frechheit, dass man das nirgends lernt! Freiheit kann eine echte Zumutung sein. Wenn ich frei sein will, muss ich dann selbst denken, eigene Entscheidungen treffen, vielleicht sogar die bequeme Couch verlassen? Und überhaupt: Wenn mir kein Boss, kein Kollege oder nicht einmal mein Partner vorschreibt, was ich zu tun habe, wie soll ich dann bitteschön wissen, was ich überhaupt tun soll? Im Ernst jetzt! Wie soll ich dann meine Tage füllen? Muss ich dann nur mehr Sinnvolles tun, mein Leben komplett ändern, ein Revoluzzer werden? Einer, vor dem mich meine Eltern immer gewarnt haben?

Gar nichts müssen wir! Nichts! Wenn wir glücklich sind und in uns nichts rumort, das uns sagt, dass das schon ein bisschen arg wenig ist, was wir aus unserem Leben machen, weil wir uns einlullen lassen von langweiligem Fernsehen, langweiligen Jobs und noch langweiligeren Menschen um uns, wenn wir diese Gedanken und Gefühle *nicht* kennen, dann ist das auch in Ordnung. Legen wir das Buch zur Seite, oder gleich ab damit zum Altpapier. Ah, gut, weg damit! So und jetzt schauen wir mal, was im Fernsehen läuft.

Wenn es aber doch ein wenig in uns rumort (wovon ich ausgehe, hätten Sie sonst Ihre Nase in dieses Buch gesteckt?) und wenn wir unser Leben ein wenig freier gestalten, unsere Fühler ein wenig weiter ins Leben ausstrecken, uns auf neue Dinge und Menschen einlassen, Vertrauen vermehren und Kontrolle abgeben und wagen, auch mal verwundbar, dafür aber lebendiger und wahrscheinlich auch glücklicher zu sein, dann können uns die folgenden Seiten vielleicht (ach, was sage ich: sicher!) dabei behilflich sein. Eines aber wird uns nicht erspart bleiben: von der Couch aufzustehen und zu trainieren, freihändig zu gehen. Freiheit erlangt man nämlich nicht durch das Lesen, sondern indem man nach der (Pflicht-) Lektüre das heimische Gehege mitsamt seinen sicheren Geländern, an denen man sich sein Leben lang festgehalten und abgestützt hat, ab und zu auch tatsächlich verlässt.

Aber, Damen und Herren, das Ganze bitte spielerisch angehen. Leicht und locker. Wer meint, jetzt bierernst unbedingt und sofort über alle seine Ängste hinwegsteigen und frei sein zu *müssen*, der hat schon verloren. Nix muss. Alles darf.

Und bitte kein zu schnelles Tempo, *no stress*! Suchen Sie sich einfach die Dinge aus, die für *Sie* persönlich wichtig sind, die *Ihr* Ding sind, die *Sie* der Freiheit näherbringen, die Sie sich für sich selbst wünschen. Es geht nicht darum, möglichst viel von den folgenden Vorschlägen umzusetzen, sondern dass man sich das heraussucht, was einen selbst weiterbringt.

Freiheit kann gelingen, wenn man die eigenen Grenzen elastischer macht, sich an die selbstgezogenen Grenzen heranwagt, diese nach und nach überschreitet und so seinen Spielraum erweitert. Vielleicht wäre es ein guter Ansatz, sein Leben tatsächlich als Spielraum zu betrachten, als einen Raum zum Spielen, der Möglichkeiten enthält und nicht nur Pflichten; der Spiele zulässt, die uns guttun und wirklich Freude bereiten.

# TEIL 1
# Selbstbestimmt leben

„Ich werde eine gutgelaunte Alte sein,
die nichts ausgelassen hat
und sich eines fernen Tages
rückwärts ins Grab kippen lässt,
fröhlich pfeifend und ohne jedes Bedauern.“

Meike Winnemuth

# Leben ohne Bedauern

Wir haben unser Gefängnis verlassen. Wir tun genau das, was unser Ding ist, was uns guttut, was uns erfüllt. Wir lieben jeden Tag, schlagen ihn nicht mit Fernsehen und Computer tot, atmen frische Luft und fühlen uns frei. Jeder Tag ist derart erfüllt mit Leben, dass wir abends müde und mit dem wohligen Gefühl eines gelungenen Tages in die Federn sinken. Endlich fühlen wir uns voll und ganz, ein jeder Tag fühlt sich an wie echtes Leben, ganz anders als früher, als unser Dasein aus nichts anderem bestand als aus Tagen und Nächten, die abgespult wurden, die verrannen ohne Sinn, ungelebt.

Liebe Leserin, werter Leser, wenn Sie Obiges für sich bejahen können, dann schlagen Sie das Buch zu, Sie brauchen es nicht. Wenn Sie dagegen sagen: „Ja, das klingt wie ein lohnendes Ziel, eines, das bitteschön nicht in ferner Zukunft liegen soll, sondern das ich sofort ansteuern möchte“, dann machen wir weiter.

Bevor Veränderung stattfinden kann, bedarf es einer Analyse des Ist-Zustandes, und der sieht sehr häufig so aus: Viele von uns arbeiten mehr, als sie leben. Die meiste Zeit des Tages geht für Gelderwerb verloren. Wenn wir uns unsere Tage, Wochen, Jahre ansehen und ehrlich zu uns sind, kommen wir zu der Erkenntnis: Es war und ist immer derselbe Jammer. Zu viel Arbeit, zu wenig Leben. Viel Arbeit plus viel Leben ist zwar möglich, doch nur, wenn wir absolut das machen, was unser Ding ist, das, was uns tatsächlich Freude macht. Eine Tätigkeit, die wir, auch ohne Geld dafür zu bekommen, liebend gern machen würden. Noch sind die meisten von uns nicht so weit, wir tun immer noch Dinge, nur um das wirtschaftliche Überleben zu sichern. Wir leben nach dem Motto: Karriere *oder* Leben.

Ein Ist-Zustand, der für so viele von uns „normal" ist: Schule, Job, Familie, Pension. Kinder großziehen, Kredite abbezahlen. Aufstehen, arbeiten, fernsehen. Wir sind eingespannt in die vielen Pflichten und Gewohnheiten unserer Tage. Wir nehmen sie ernst, pflichtbewusst und ohne nachzudenken erledigen wir roboterhaft das, was von uns erwartet wird oder wir uns selbst auferlegen. Jeder Tag gleicht dem anderen, ab und zu gibt es ein Highlight, doch im Großen und Ganzen sind unsere Tage vorgegeben. Aus Tagen werden Monate, aus Monaten Jahre, aus dem jungen Menschen einer im besten Alter und bald schon unterhält man sich mit anderen über Krankheiten und Pensionsanspruch. Unsere Zeit verrinnt, ohne Leben, subjektiv haben wir also gar nicht gelebt, wir werden alt an Jahren, ohne dass wir es bemerken. Die Tage, Wochen, Monate, Jahre, wo sind sie geblieben?

Wir leben oft so, als würden wir ewig leben. Sehen wir eine Gelegenheit, die uns im Leben voranbringen oder uns Freude bereiten könnte oder durch die wir Menschen kennen lernen könnten – was tun wir? Wir lassen die Gelegenheit vorüberziehen. Man muss ja nicht alles haben. Morgen ist auch ein Tag. Das nächste Mal. Es passt jetzt nicht so gut. Wer weiß, was da herauskommt. Es ist auch so ganz nett.

Zeigt sich eine Gelegenheit, die echtes Leben in unseren Alltag bringen könnte, die uns Neues in unser Dasein spülen und uns vielleicht sogar der Liebe näherbringen würde, sollte man vielleicht nicht automatisch den Kopf einziehen und auf „lieber nicht" schalten. Solche Gelegenheiten kommen oft nie wieder, und wie man weiß, bedauert man seine Feigheit, seine Passivität oft sein Leben lang. Nichts ist unvergänglicher als das Bedauern, eine Gelegenheit zum Glück versäumt zu haben.

Ein Tag geht vorüber.
Noch ein Tag.
Viele Tage.
Ein Jahr.
Noch ein Jahr.
Wer zählt sie?

Und plötzlich – wie konnte das nur passieren? – wie konnte das nur passieren, sind wir alt. Oder zumindest sehen wir so aus. Es kommt der Tag, an dem wir Bilanz ziehen. Das kann ein runder Geburtstag sein oder der Tag, an dem wir erfahren, dass wir nicht mehr lange zu leben haben. Der Tag der Abrechnung, er steht uns allen bevor. Wir werden uns unser Leben ansehen und was wir daraus gemacht haben. Ob wir es bestmöglich genützt haben oder ob es keinen Unterschied gemacht hätte, ob wir hier auf Erden waren oder nicht. Fragen tun sich auf: Haben wir unser Leben so gelebt, wie wir es uns ersehnt haben? Haben wir die Reisen unternommen, die wir erträumt haben? Haben wir uns unseren Lebenstraum erfüllt oder dies zumindest versucht? Haben wir das gemacht, was wir *eigentlich* wollten, oder haben wir es nicht einmal gewagt, es zu probieren? War unser Leben für irgendwas oder irgendwen von Nutzen? Hat unser Handeln und Sein anderen geholfen? Waren wir für andere Menschen wichtig? Waren wir anderen nahe? Haben wir es genossen, hier zu sein? Waren es gute Jahre, voller Emotionen, Höhepunkte, Tränen der Freude oder nur des Leids? Hatte unser Leben Qualität?

Um nicht am Sterbebett unser (fehlendes, nicht genütztes) Leben bedauern zu müssen und um uns, eines fernen Tages, leichten Herzens von diesem Leben verabschieden zu können, ist es unermesslich wichtig, unsere Zeit, die noch vor uns liegt, mit echtem Leben zu füllen. Uns zu erfüllen. Das zu tun, was sich für uns persönlich wie echtes Leben anfühlt. Nicht die Zeit absitzen, sondern jeden Moment voll und ganz präsent sein und uns unseren Lebensträumen zuwenden. Den Mut haben, diese anzugehen, sie zu verwirklichen. Der „Erfolg" ist völlig nebensächlich. Ob etwas gelingt, ob es gut war oder nicht, egal!

Es ist auch nicht entscheidend, „große" Dinge zu tun. Viele haben keine hochtrabenden Träume, und es soll hier nicht darum gehen, solche künstlich herbeizureden. Wer sie hat, möge sie angehen, alle anderen sind davon befreit. Was zählt, ist, sich dem Leben zuzuwenden, das zu machen, was uns wichtig ist. Dem Grundgefühl zu folgen, das einem sagt, was zu tun ist, um *Ja!* sagen zu können zu dem Leben, das wir führen. Fachen wir an, was in uns lodert, und wagen wir es.

# Frei werden von Lebensangst

Viele Menschen verbringen ihre Tage wie eine einzige Pflichterfüllung. Aufstehen, arbeiten, fernsehen, schlafen, aufstehen ... immer wieder und immer wieder. Sie führen ein mehr oder weniger unscheinbares Leben, sie fallen ihrer Umgebung nicht weiter auf. Möglicherweise sind sie zufrieden mit ihrem Leben, möglicherweise auch nicht. Sie stellen keine großen Anforderungen und haben kaum Erwartungen. Sie leben konstant, die Tage gleiten dahin, sie leben im Rhythmus der Zeit. Winter, Frühling, Sommer, Herbst und dann wieder von vorne. Langsam werden sie alt und langsam dämmert es so manchen, dass es das vielleicht noch nicht gewesen sein kann. Da muss es doch mehr geben. Oder nicht? Andere wiederum leben im ständigen, quälenden Bewusstsein, dass sie ein sehr beschränktes, begrenztes Leben führen. Sie wissen, sie sollten etwas tun, um dem täglichen, monatlichen, jährlichen Einerlei zu entfliehen. Sie wissen: *Ich bin zwar am Leben, aber lebendig bin ich nicht.*

Viele Menschen, die ein sehr begrenztes Leben führen, tun dies aus der Angst heraus, dass sie ein echtes, ursprüngliches, wildes, ungezügeltes Leben überfordern würde. Als Kinder waren sie vielleicht noch wild, vielleicht aber haben sie dieses Gefühl der Wildheit auch nie kennen gelernt. Sie fühlen, da muss es mehr geben, wagen aber nicht, der Sache konkret auf den Zahn zu fühlen. Nun, wie kommt man dem ungelebten Teil seiner selbst auf die Spur? Zum Beispiel, indem man sich fragt: Was würde ich *eigentlich* gern tun, sein, machen, haben? *Eigentlich* ist das Zauberwort. *Eigentlich* bedeutet hier ein mögliches Leben, wenn es keine (eingebildeten, auferlegten oder selbsterschaffenen) Grenzen gäbe. Wie müsste das Leben sein, damit ich nicht nur zufrieden, sondern glücklich wäre? Wie müsste es sein, dass es wild und auch mal ekstatisch wäre statt lauwarm und schaumgebremst? Müssten sich die äußeren Umstände ändern und/oder die innere Einstellung?

Zugegeben, es ist wirklich keine leichte Übung, denn es können viele negativen Gefühle hochkommen, wenn man sich ehrlich eingesteht, wie man es denn *eigentlich* gerne hätte und wie das Leben tatsächlich aussieht. Soll und Haben sind oft meilenweit voneinander entfernt.

Wenn Sie jedoch den Mut aufbringen, sich einen Lebensentwurf zu skizzieren, der nicht nur lauwarm, sondern wirklich heiß ist, dann machen Sie sich klar, was Sie bisher an seiner Realisierung gehindert hat. Schnell werden altbekannte Argumente auftauchen, wie: Geld verdienen müssen, was würden denn mein Partner, meine Eltern, meine Kinder oder wer auch immer davon halten, wenn ich Schluss mache mit dem lauwarmen, dafür aber beständigen Leben, das ich führe? Der Umgebung würde so ein Lebens-Wandel vielleicht nicht gefallen, das stimmt. Es kann aber auch sein, dass Sie schon jetzt kaum mehr jemandem gefallen, wenn Sie stumpf, trübsinnig und ohne Lebenslust durch Ihre Tage stolpern. Vielleicht würde die neue Version Ihrer selbst auch das Leben der anderen verbessern?

Es gibt viele Gründe, warum so viele von uns ihr Leben so leben, als wäre es endlos, ewig gleich dahinplätschernd, ohne Höhen und Tiefen. Ein gewichtiger Grund, den wir uns kaum eingestehen wollen, ist die Lebensangst. Die Angst, wirklich und echt zu leben. Es stimmt ja: Viel leichter ist es, sich hinter dem Schreibtisch, der Arbeit, dem Fernseher, dem Videospiel zu verschanzen als hinauszutreten und zu sagen: „Leben, hier bin ich!" Die Angst vor dem Unbekannten, die Angst vor Veränderung ist enorm. Lieber haben wir die bekannte Hölle als den unbekannten Himmel, auch hier auf Erden.

Sie sagen, auf Sie trifft das nicht zu? Dann erinnern Sie sich einmal: Machen Sie das, wovon Sie als junger Mensch geträumt haben? Oder haben Sie sich arrangiert? Sind Sie Musikproduzent statt Musiker? Bankbeamter statt Fondmanager? Kulturkritiker statt Bestsellerautor? Verkaufen Sie Autos, statt Rennen zu fahren? Machen Sie etwas, das dem, was Sie *eigentlich* immer machen wollten, zwar irgendwie ähnlich ist, aber eben nicht das, was Sie *wirklich* wollten?

Wenn Sie sagen: „Stimmt schon, früher wollte ich das, aber heute bin ich ein anderer", dann ist das natürlich in Ordnung. Wenn es denn auch wahr ist. Dann kann man sich von den alten Hüten trennen und sie aus seinem Leben (auch sehr bewusst) entlassen. Es ist sehr erleichternd, erledigte alte Wünsche und Sehnsüchte loszulassen. Das bringt uns ein gutes Stück Freiheit. Wenn man freilich erkennt, dass die alten Sehnsüchte immer noch in einem schlummern und man diese immer nur verdrängt oder sich ihrer Erfüllung gar bewusst verweigert hat, dann gilt es zu entscheiden, ob man diesen Zustand auch künftig aushalten will oder ob man sich an die Verwirklichung seiner Träume macht.

Wie auch immer Ihre Situation ist, eines jedenfalls bringt Ihnen ein großes Stück Freiheit: eine Entscheidung. Am Ende des Analysierens, des Durchdenkens und Durchfühlens Ihrer Situation sollte Ihre Entscheidung stehen. Ansonsten kommen Sie keinen Schritt vorwärts. Entscheidungen bringen Freiheit.

# Ich bin, wie ich bin

Freiheit heißt auch, sich als Person voll und ganz anzunehmen. Viele von uns glauben, nur ihre positiven Seiten leben zu dürfen und die vermeintlich negativen unterdrücken, verstecken oder sie gar vor sich selbst verheimlichen zu müssen.

Wäre es nicht besser zu sagen: „Ich bin, wie ich bin. Und nicht so, wie mich andere haben möchten oder wie ich – in Befolgung fremder Vorgaben – glaube sein zu müssen?“

Man sollte sich zugestehen, eine ganze Persönlichkeit zu sein und nicht nur eine halbe. Wir alle sind ganz und nicht nur halb. Wir könnten uns also erlauben, das eine *und* das andere zu sein, z.B.

- tiefsinnig, oft aber auch völlig oberflächlich
- wahrhaftig, oft aber eben auch ein Trickser
- ein echter Mann, aber auch mal ein Weichei
- eine starke Frau, die aber auch an einer Schulter lehnen möchte
- ein Mensch, der gesund lebt, aber auch mal über die Stränge schlägt (und dabei keinerlei schlechtes Gewissen hat)
- eine liebevolle Mama, die aber auch mal laut werden darf.

Sinnvoll wäre es, wenn wir alle Bewertungen über Bord werfen, alle Adjektive aus dem Wortschatz streichen. Unsere Urteile sind immer unzutreffend, denn niemand ist entweder so *oder* so. Wir alle sind so *und* so. Bloß die Gewichtungen sind unterschiedlich. Keiner ist nur egoistisch, nur oberflächlich, nur nett, nur feige. Oft genug ist jeder von uns auch das Gegenteil. Ein jeder lebt mit zahlreichen Widersprüchen in sich; ein jeder Mensch ist oft genug ein einziger Widerspruch. Manchmal ist man stinkfaul, dann wieder kann man gar nicht mehr aufhören zu arbeiten. Manchmal kann man niemanden ausstehen, manchmal möchte man alle umarmen. Jeder Mensch ist eine Ansammlung von Merkmalen, die widersprüchlicher nicht sein könnten. Je nach Stimmungslage kommt Dr. Jekyll oder Mr. Hyde zum Vorschein. Auch das Bedürfnis nach Freiheit ist schwankend. Mal möchte man alle Mauern niederreißen, mal hat man eine große Sehnsucht nach Zugehörigkeit, Bindung und Geborgenheit. Diese Widersprüche gilt es zu akzeptieren und auszuhalten. Das ist halt so. So bin ich nun mal. Wir sind sowohl als auch.

Wenn ich mich akzeptieren kann als die Person, die ich eben bin, gibt es auch keinen Grund mehr, sich selbst klein zu machen. Manche Menschen machen sich vor anderen selbst herunter, indem sie sich kritisieren und von ihren Fehlern und Macken erzählen. Oder wir putzen uns in Gedanken selbst herunter und beschimpfen uns. „Ich Idiot. Bin ich blöd! Warum mache ich immer wieder die gleichen Fehler. Ich bin einfach zu dumm für alles …“ Niemand auf der Welt beleidigt uns dermaßen häufig (und ungestraft) wie wir uns selbst. Wir tun das fast unser Leben lang. Irgendwann haben wir mit der Selbstkritik begonnen und irgendwann haben wir auch angefangen, unsere eigenen Beschimpfungen zu glauben, sie für wahr zu halten. Und selbst, wenn wir sie nicht für wahr halten, unser Unterbewusstsein sorgt dafür, dass etwas von den unschönen Worten in uns hängen bleibt.

Also Schluss damit! Keine Selbstbeschimpfung mehr, keine Selbstkritik. Auch nicht vor anderen sich klein reden, sich unterwürfig zeigen, sich dümmer machen, als man ist. Meist ist man nicht dumm, sondern nur ungnädig mit sich selbst. Noch einmal: Schluss damit!

Ich bin, wie ich bin, und das ist gut so.

## Was kümmert mich, was andere denken?

*Bloß nicht! Was würden denn die Nachbarn denken!?* Generationen heranwachsender Mädchen und Buben wurden in diesem (Un-) Geiste herangezogen. Das Motto: Pass auf, was du tust, sagst, bist. *Die Anderen*, die haben dich im Auge. Wer auch immer das sein mag. Wahlweise die Nachbarn, die Verwandten, vielleicht sogar die Kirche, Lehrer, Arbeitgeber oder andere institutionalisierte Sittenwächter. *Verhalte dich unauffällig, mein Junge. Immer schön artig, mein Mädchen.*

Junge Menschen lächeln darüber. Ihnen wurde so eine Haltung von den Eltern meist nicht mehr eingetrichtert. „Was die anderen denken, ist mir doch egal", sagen viele und meinen es vielleicht auch so. Doch sie übersehen, dass die Rolle der Eltern und der Lehrer nunmehr andere ausüben. Die Medien und deren Juroren vornehmlich. Ein Beispiel: Mädchen und Burschen, alle groß und schlank, manche auch schön, träumen vom Ruhm als Model. Und wie uns ebenso zahlreiche wie überflüssige Castingshows mit erhobenen Zeigefingern immer wieder weismachen möchten, ist oberstes Gebot aller Nachwuchsmodels: Schön brav sein. Sich unterwerfen. Kuschen. Nicht aufmucken. Alles tun, was einem gesagt wird. Wehe, es gibt Widerspruch, dann bist du raus! Mach, was dir befohlen wird, wir denken für dich. Der zahlende Auftraggeber hat immer Recht. Ein Übel der heutigen Zeit: Shows, die über die Teilnehmer urteilen. Ob diese gut singen, tanzen, kochen oder einfach nur dünn genug sind. Das unausgesprochene Motto hinter diesen modernen Gladiatorenkämpfen: Wir, die Jury (die Richter, das Gericht) wissen, was gut ist. Wir bewerten dich. Wir urteilen über dich. Bestehst du, bekommst du Applaus, genügst du unseren Vorstellungen nicht, lassen wir dich fallen. Oft regnet es Spott und Hohn. Ob du jung und naiv bist, ob du dir das alles vielleicht sehr zu Herzen nimmst, ob du vielleicht einen psychischen Schaden erleidest, das interessiert uns nicht. Dass du nicht erkennst, worum es hier geht (Quoten für die Werbeindustrie, Geld für die Fernsehanstalten), das ist uns nur recht. Wenn du meinst, dass *du* hier wichtig bist, dann träume weiter.

Schlimm genug, dass so viele Mädchen und Burschen in ihrer Sehnsucht nach Ruhm alles tun, was von ihnen verlangt wird, dass sie blind gehorchen, noch schlimmer, dass für diese Verblendeten jener *Beruf* das höchste ihrer Gefühle ist. Ein lebender Kleiderständer zu sein als Lebensaufgabe! Unfassbar, wenn man darüber nachdenkt.

Sagte man früher trotzig: „Was kümmert mich, was die Nachbarn denken", so sagt man heute vielleicht: „Was juckt mich, was der Juror sagt." Doch, und das ist vielleicht noch trauriger, der Nachwuchs bräuchte solche Besserwisser gar nicht, denn durch die Omnipräsenz von Facebook, Instagram und Co. erschaffen sich immer mehr Menschen eigenhändig ihren höchstpersönlichen „Big Brother". Man stellt sich öffentlich zur Schau, teilt sich mit, stellt sich dar, will sein „Profil" zeigen. Für viele mag das die einzige Möglichkeit sein, auf sich aufmerksam zu machen, sicher. Doch es besteht die Gefahr, dass man seine Selbstdarstellung, seine Kommentare, seine Fotos und Videos nicht frei wählt, dass man selbst nicht echt ist, eben weil im Hintergrund immer ein Gedanke (oft unbewusst) alles steuert: „Wie wirke ich auf die anderen? Was denken die von mir? Was könnten sie denken, wenn ich dies oder jenes posten würde?" Die virtuelle Welt hat also die guten alten Nachbarn ersetzt. Deren Funktion ist freilich gleichgeblieben.

Damit spreche ich mich aber ausdrücklich *nicht* gegen die Möglichkeiten von Social Media aus, diese Plattformen sind einfach eine Realität unserer Zeit. Ich benütze sie selbst, um zu kommunizieren, doch sollte man als Teilnehmer ein kritisches Auge darauf haben, ob man sich damit etwas Gutes tut oder ob man sich dadurch vielleicht in seiner Freiheit begrenzt.

Was kann man tun? Sich die Situation bewusstmachen. Denke und handle ich frei nach meinen eigenen Überzeugungen oder gebe ich mich so, wie mich andere haben möchten? Handle ich frei oder schiele ich nach dem (möglichen) Urteil anderer Menschen?

Ob und welche Schlüsse man aus seinen Erkenntnissen zieht, das mag ein jeder für sich selbst entscheiden.

## Klare Ansagen

Viele von uns würden sich eher die Zunge abbeißen, statt ehrlich ihre Gefühle und Gedanken mitzuteilen. Das können sowohl positive Gedanken und Gefühle sein als auch (mehrheitlich) negative. Warum wir den Mund halten, hat verschiedene Gründe: Wir wollen den anderen nicht verletzen, wir sind uns oft unserer Gefühle gar nicht bewusst, wir haben es uns im Laufe des Lebens angewöhnt, nichts zu sagen, wir wollen den Status quo nicht gefährden, wir fürchten, dass Offenheit Veränderungen nach sich ziehen (und sehr viele fürchten jede Veränderung, selbst wenn diese schlussendlich positiv für uns wäre), oder wir sind einfach zu feige, uns zu äußern. Diese Haltung führt dazu, dass der Andere unser Inneres entweder nicht kennt oder unser Verhalten falsch interpretiert oder sich denkt, dass alles in Ordnung ist.

Wenn wir uns zurückhalten, dann sind wir uns selbst und auch dem anderen gegenüber unehrlich. Ein Beispiel: Wenn wir unserem Partner im Stillen vorwerfen, lieblos zu sein, und wir sagen ihm das auch nach zehn Jahren Beisammensein immer noch nicht klar und deutlich, dann sägen wir selbst an der Beziehung. Der Partner kann sich dann gar nicht ändern, er weiß nichts von unserer Gefühlslage. Und im Stillen rumort es in uns, wir werfen ihm im Herzen Böses vor und schüren stille Aggressionen, die uns selbst psychisch und körperlich schaden.

Der Ausweg: sagen, was ist. Aus dem Herzen keine Mördergrube machen. Ja, es kann passieren, es ist durchaus möglich, dass das kurzfristig Ärger bringt. Streit ist wahrscheinlich, aber der Konflikt wird nun endlich offen ausgetragen. Möglicherweise trennt man sich sogar, privat oder im Beruf. Das muss man bedenken, ebenso die Frage, ob man dazu stehen würde oder ob man lieber mit einer inneren Lüge weiterleben möchte. Viele von uns leben mit solchen Lügen. Dies können kleine Unaufrichtigkeiten sein, kleiner Hass, kleine Schuld, kleiner Ärger, oder es können auch die großen Lebenslügen sein. Dass man den anderen nicht liebt, nicht mehr liebt oder in Wahrheit nie so richtig geliebt hat. Aber auch andersrum wird geschwiegen. Etwa, wenn man jemandem seine Liebe nie mitteilt. Weil der andere verheiratet ist oder aus welchen Gründen auch immer.

Kurzfristig ermöglicht das eigene Verschweigen der Gefühle zwar den von uns so geliebten Status quo. Alles bleibt, wie es ist, und auch wenn das nicht so schön ist, so fühlen wir uns mit dieser Situation wenigstens vertraut und darum sicher. Doch langfristig schadet uns diese Feigheit. Wer nicht sagt, was er fühlt, der kann nicht bekommen, was er im Geheimen will, wovon er träumt, was er ersehnt.

Auch die negativen Gefühle wollen mitgeteilt werden. „Zorn verraucht", sagt man. Tut er das wirklich? Mitgeteilter Zorn, ja. Hinuntergeschluckter Zorn, nein. Er frisst sich in uns hinein und irgendwann manifestiert er sich. Der Magen macht Probleme, Schmerzen tauchen auf, er dockt dort an, wo sich die persönliche körperliche Schwachstelle befindet. Oder er attackiert das Nervensystem. Man wird gereizt, angespannt, letztendlich müde und vielleicht depressiv.

Also: Raus mit den Gefühlen! Sagen, was Sache ist. Aber nicht den so beliebten Fehler machen, den anderen gleichzeitig anzugreifen. Nicht sagen: „Du (Schimpfwort) liebst mich nicht. Hast wohl eine andere", sondern etwa: „Ich fühle mich nicht mehr geliebt und leide darunter."

Genauso wichtig ist es, auch über die kleinen, täglich wiederkehrenden Ärgernisse zu sprechen. Über die fehlende Umarmung, das unfreundliche Gesicht, ein bestimmtes Verhalten, dass einen täglich verletzt, auch wenn es objektiv *nur eine Kleinigkeit* ist. Der andere ist sich seines Tuns häufig gar nicht bewusst. Niemand ist absichtlich und grundlos lieblos. Daher: Sagen, was ist. Sagen, wie man sich fühlt, möglichst ohne dabei einen Vorwurf zu machen. Sagen, was ist, befreit. Und es eröffnet die Chance auf Veränderung.

Ein weiterer häufiger Fehler ist es, dass wir zwar versuchen, zu sagen, was wir gerne hätten oder was uns auf die Nerven geht, dass wir das aber so nebulös, schwammig oder bemüht „durch die Blume" vermitteln, dass die Botschaft beim Gegenüber nicht ankommt. Wir verlassen uns oft zu sehr darauf, dass der andere schon erraten wird, was wir gerne hätten. Das ist nicht so! Wenn wir glauben, dass die anderen allesamt so feinfühlige Wesen sind, die nur darauf warten, unsere Wünsche von den Augen abzulesen, dann täuschen wir uns. Viele Menschen muss man mit der Nase darauf stoßen, damit sie erkennen, worauf wir hinauswollen. Oft denken sie auch, dass es kaum so wichtig sein kann, ansonsten würden wir es deutlicher formulieren, und überhaupt: Ein jeder ist mit seinen eigenen Gedanken und Problemen beschäftigt. Wenn da jemand etwas von einem will, dann muss er das schon klar und deutlich mitteilen. Also: Statt dem Partner dreihundertmal vorzuschwärmen, wie gut eine Massage für Körper und Geist ist, besser einmal klar und deutlich formulieren: „Schatz, kannst du mich heute Abend massieren? Ich brauche das wirklich dringend." Und wenn der Schatz nicht so recht will, kann man ja anbieten: „Du darfst dir dafür auch etwas Schönes wünschen."

## Entscheidungen treffen

Während manche Menschen kaum Probleme haben, Entscheidungen zu treffen, tun sich andere unsagbar schwer damit. Egal, ob es sich um eine Banalität handelt oder um eine wirklich wichtige Angelegenheit: Sie wägen ab, suchen sämtliche Für und Wider, wälzen sie hin und her, her und hin, versuchen die bestmögliche Lösung zu finden. An und für sich ist es natürlich nicht verkehrt, zuerst zu denken und dann zu handeln, doch manche gelangen zu keinen Lösungen und drehen sich gedanklich im Kreis. Was wäre, wenn ich A wähle, was, wenn B, welche Vorteile hätte das, welche möglichen Nachteile? Ob es nicht doch besser wäre, wenn …? Endlos.

Mit der Suche nach dem Allerbesten verschwendet man seine Zeit, macht sich mürbe und beraubt sich seiner Entscheidungskraft. Den gutgemeinten Rat, den ein solcher Verstandesmensch dann von anderen zu hören bekommt: „Mach das, was dein Gefühl, dein Herz, dein Bauch dir sagt." Blöd nur, dass der Verstandesmensch diese Botschaften nicht empfängt, entweder hat er es nie gelernt, darauf zu hören, oder er hat einfach schon zu lange über das Für und Wider der möglichen Entscheidungen nachgedacht, sodass er wegen des Verstandeslärms seiner Gedanken die Botschaften von Bauch/Herz/Seele/Gefühl nicht mehr wahrnehmen kann. Da steht er nun, ringend, suchend, nicht wissend, und ist am Verzweifeln. Was soll er bloß tun?

Mein Rat: Nicht lang darüber nachdenken, auch dem Zufall eine Chance geben. Wenn Sie zum Beispiel spontan verreisen möchten und sich im Internet die unglaublich vielen Last-Minute-Angebote ansehen, dann müssen (!) Sie sich rasch entscheiden. Sie können natürlich auch alle Angebote genau studieren, all die Bewertungen lesen, sich den Ort auf Google Earth ansehen und die Destination so lange studieren, dass Sie gar nicht mehr hinfahren müssen, weil Sie ohnehin schon alles kennen. Also: Nicht lange planen, nicht vernünftig sein! Sobald Sie etwas sehen, das passen könnte, zuschlagen und fertig. Auch das ist eine Form von Freiheit, die man sich gönnen sollte.

Wenn die Situation freilich bereits außer Kontrolle ist, weil die endlosen Abwägungen Sie an den Rand des Wahnsinns gebracht haben, wenn alles schon derart verfahren ist, dass gar nichts mehr geht, wenn sich Verzweiflung breitgemacht hat, dann *stopp*! Entweder schiebt man die Entscheidung auf einen späteren Zeitpunkt, oder man bemüht den Zufall/das Schicksal und würfelt. Würfeln? Ja genau, würfeln. Wenn die Frage zum Beispiel lautet: „Soll ich etwas wagen oder nicht? – dann kann die Würfellösung etwa heißen: Gerade Zahl bedeutet *Ja*. Ungerade *Nein*. Aber, Herrschaften: Wenn die Würfel gefallen sind, dann bitteschön auch das Ergebnis gelten lassen. Denn klarerweise melden sich sofort Zweifel am Ergebnis, ob denn nicht das andere Ergebnis doch „besser“ wäre. Dann geht alles wieder von vorne los. Nichts da. Alea iacta est!

Erleichterung stellt sich ein, sobald man seine Entscheidung akzeptiert und umsetzt. Also nichts wie ran! Schnell etwas finden, das in Ordnung scheint, und losleben. Soll heißen: handeln, die Entscheidung umsetzen. Besser die zweitbeste Entscheidung akzeptieren, als sich ewig lang gar nicht zu entscheiden. Sich entscheiden macht frei.

Ähnlich verhält es sich, wenn uns eine Idee durch den Kopf geht, eine Idee für ein Projekt, irgendein Vorhaben, beruflich oder privat. Schreiben wir die Idee auf. Gut. Was passiert mit dem Zettel? Verstaubt er und bleibt er so lange liegen, bis das Papier vergilbt und die Schrift verblasst? Oder können wir das auch anders? Wir könnten es versuchen wie diejenigen, die es zu etwas bringen: nicht zögern, sondern die Idee verwirklichen. Und wieder gilt: Bloß nicht lange fackeln, bloß keine Zeit mit der Suche nach der besten, schönsten, elegantesten aller Lösungen verschwenden. Diese gibt es ohnehin nicht. Die Idee umsetzen, solange sie noch heiß ist!

# Selbstbestimmt leben

So leben, wie man selbst will, das tun, was man liebt. Selbstmanagement, das Leben in die Hand nehmen. Nicht auf Glücksfälle hoffen, nicht auf andere setzen, selbst die Verantwortung übernehmen. Selbst denken, statt das nachzuplappern, was andere sagen: andere Menschen, vermeintliche Autoritäten, Meinungen, transportiert via Medien. Sich klarmachen, dass das, was wir als „normal" bezeichnen, höchstens der Mehrheitsmeinung entspricht, was normal sei.

Meinungen ändern sich ständig. Was wir vor 100, 50 oder auch nur vor zehn Jahren als normal angesehen haben, gilt längst nicht mehr. Auch nicht für uns. Wir selbst ändern ständig unsere Meinungen, auch wenn es uns nicht auffällt. Auch ist das, was heute „gilt", regional völlig unterschiedlich. Auf jedem Erdteil denken die Menschen sehr verschieden: Was hier gut ist, ist dort schlecht. Was hier als modern gilt, ist dort des Teufels. Selbst innerhalb eines Staates sind die gesellschaftlichen Normen oft völlig unterschiedlich. Ein Bauer vom Land hat in seinen Ansichten mit einer künstlerischen Großstadtpflanze so viel gemeinsam wie ein Burger mit Kulinarik.

Selbstbestimmung heißt auch Eigenverantwortung. Ein jeder von uns ist selbst verantwortlich, wie er sein Leben verbringt, inklusive, ob er glücklich und frei lebt oder als unterdrückter Hamster im Rad. Wollen wir glücklich/frei/entspannt/begeistert oder was auch immer sein, müssen wir das als Erstes für uns beschließen. Am Beginn einer jeden Veränderung steht ein neues Bild. Ein Bild, das wir von uns selbst machen müssen. Wir können uns als die Person vorstellen, die wir sein möchten. Will ich frei sein, sehe ich den freien Typ, der lässig und entspannt sein Ding macht. Kann ich es sehen, kann ich mich auch entschließen, diesem Bild ab sofort Schritt für Schritt näher zu kommen. Indem ich so denke, spreche und so handle, wie das ein freier, lässiger Typ tun würde. Klar, das gelingt nicht sofort und oft genug heißt es zurück an den Start, aber wer dranbleibt, der wird bemerken, hey, das kann funktionieren. Und irgendwann kapieren es auch die anderen, und dieser Moment ist ein herrlicher Moment. Und wenn wir dann zurückblicken, zum Moment, an dem die Veränderung begonnen hat, werden wir erkennen, es war der Tag des Entschlusses, der Tag, an dem wir uns auf die Socken gemacht haben, um aus uns den zu machen, der wir sein möchten. Es war ein guter Tag.

## Ich mache mein Ding

Sie sehen einen Menschen, der sich voller Hingabe einer Tätigkeit widmet, der mit Begeisterung bei der Sache – seiner Sache ist und dabei die Welt um sich herum vergisst, einem kleinen Kind gleich, das fasziniert einem Käfer zusieht oder mit seinen Spielfiguren hantiert. Oder Sie lesen oder sehen im Fernsehen von einem Menschen, der sich so sehr „seinem Ding“ verschrieben hat, dass er letztendlich höchst erfolgreich und/oder glücklich damit wurde. Sie sehen ihn und sind automatisch angesteckt von seiner Begeisterung? Sind sie nicht etwas Wunderbares, diese Menschen, die so sehr entflammt sind für etwas, dass sie ihrer Sache mit enormen Einsatz, Freude und Liebe folgen und folglich mit sich selbst im Einklang leben?

Solche Menschen berühren uns, weil sie ganz bei sich angekommen sind, weil sie etwas haben, das wir auch gerne hätten. Ein höchst motivierendes Tun oder wenigstens ein großes Ziel. Wenn Sie „Ihr Ding“, also Ihre Leidenschaft (die Leiden schafft, wenn Sie ihr nicht nachkommen), bereits kennen, es aber noch nicht gewagt haben, ihr zu folgen, dann zählen Sie zu den Glücklichen, denn Sie brauchen nur mehr eine Hürde zu nehmen: den Hintern hochbekommen und handeln. So einfach ist das. Wenn Sie es nicht machen, selber schuld.

Schwieriger ist es, wenn man sein Ding noch nicht entdeckt hat. Hunderte Bücher wurden zu diesem Thema geschrieben, wie man denn sein Ding, seine Berufung entdecken kann. Die Essenz in einem Satz: Höre auf dein Herz/Gefühl/Bauch, auf das, was du eigentlich gern machen würdest, wenn du könntest/dürftest. Und folge ihm so radikal wie möglich.

## Nicht vergleichen

Manch anderen dafür zu bewundern, dass er sein Ding gefunden hat und es lebt, ist die eine Sache. Sie ist fördernd und beflügelt uns. Die andere Sache ist es, wenn man sich mit anderen vergleicht. Genau so reich, schön und/oder erfolgreich zu sein wie sie oder er, das wäre doch was. Während man über einen solchen Menschen liest, ihn im TV sieht oder von ihm hört, ist man zwar schnell einmal fasziniert, doch danach kommt der Frust. Man ist halt nicht Frau Supertoll oder Herr Superreich. Wie schaffen die es bloß, so viel Geld zu verdienen, dabei auch noch so gut auszusehen? Und die größte Frechheit: Die werden immer jünger! Was bleibt, ist ein schlechtes Gefühl. Dass man es nicht so gut getroffen hat, wie die; dass man ein Versager ist; dass das Schicksal es schlecht mit uns meint. Kein Lotto-Sechser, kein Schloss geerbt, nicht mal einen Benz. So ein Mist aber auch.

Wenn Sie sich jeden Tag die sogenannten VIPs im Fernsehen reinziehen und vielleicht auch noch Sendungen über das Luxus-Lotterleben der Millionäre ansehen – und das Gesehene auch noch glauben und – noch schlimmer – wenn Sie meinen, dass *die* ihres Reichtums wegen zwangsläufig superglücklich sind – und am allerschlimmsten – auch noch glauben, dass *Sie* ein solcher Reichtum auch zwangsläufig supersuperglücklich machen würde, na, Sie wissen ja selbst, dass das Blödsinn ist. Und doch: Nachdem man sich wieder einmal so eine Sendung zu Gemüte geführt hat, da bleibt etwas zurück: das ungute Gefühl, dass wir es schlecht getroffen haben im Leben. Dass wir jeden Euro dreimal umdrehen müssen, um uns das zu leisten, was „die“ aus der Portokasse zahlen.

Also: sich nicht vergleichen. Die Promi/Glamour/Seitenblicke-Sendungen streichen. Seine Zeit mit etwas Sinnvollerem nützen.

# Die Opferrolle opfern

Höre ich Menschen sprechen und sehe ich ihre Mienen, dann erscheint es mir mitunter, als wäre die Welt voll von Opfern. Und sehe ich in den Spiegel, dann erkenne ich an manchen Tagen das Opfer der Opfer. Tragisches Gebaren, zu schwach, um klar zu sprechen, ein Tonfall, der mehr als tausend Worte sagt. Tiefes Seufzen, zu müde, um die Hände zu ringen. Ich mag mich im Spiegel gar nicht anschauen, ich weiß, welcher arme Mensch mich aus trüben Augen anblicken würde. *Leiden* ist sein Name. Geschlagen vom Schicksal, umringt von Ignoranten, Schuften, Dränglern und überhaupt: böse Menschen, böse, böse, böse Menschen.

Wenn mir bewusst wird, in welche bemitleidenswerte Rolle ich mich wieder einmal manövriert habe, geht es mir gleich besser. Ich atme tief durch und denke nach, was mich in die Defensive gebracht hat. Welch böser Mensch hat mich schief angesehen? Oder hat es gar jemand gewagt, mich mit einem wenig huldvollen Tonfall zu belegen? War er nicht meiner Meinung? Warum irren sich die anderen bloß ständig und warum behalten sie ihre irrigen Meinungen nicht für sich? Wenn ich die letzten Stunden Revue passieren lasse, kommt mir nichts in den Sinn, was mich verletzt oder beleidigt haben könnte. Aber, ah, ja doch, da hat diese arrogante Schnepfe von Redakteurin gemeint, ich hätte mir nicht sonderlich viel Mühe gegeben bei der Arbeit. Hätte den Artikel lieblos aus den Fingern gesaugt. Diese Kuh, diese blöde. Wie kann sie es wagen, diese Anfängerin, jung und blond (und blöd hätte ich jetzt fast geschrieben) und keine Ahnung von nichts, erdreistet sich zu einem derartigen Tonfall. Das schreit nach Konsequenzen. Kündigen werde ich ihr, soll sie einen Anfänger ins Boot holen, den sie anschnauzen kann, diese Möchtegern-Journalistin. Also ehrlich, das hat bisher noch niemand gewagt, mich so frech zu kritisieren. Viele Chefredakteure habe ich schon mit Artikeln beliefert, angesehene und erfahrene, ja ausgezeichnete Frauen und Männer, und da kommt jetzt diese Tussi daher und hält mir vor, ich hätte mich nicht angestrengt. Ob sie Recht hat oder nicht, darüber will ich gar nicht nachdenken, ist ja auch egal, aber von so einer muss ich mir das nicht gefallen lassen. Der kündige ich. So viel steht fest. Wenn ich mich nächste Woche immer noch über diese „Frau" ärgere, dann kündige ich, das verspreche ich.

Und während auf der Puppenbühne meiner Gedanken der Kasperl den Knüppel schwingt und auf die blonde Uschi munter drauflosschlägt, erkenne ich den Prügel in meiner Hand, schlage noch ein paarmal kräftig zu und lassen ihn dann sinken. Ja, das tut doch gut. Nicht wahr? Jetzt kann ich doch glatt wieder lächeln.

Die Opferrolle wird gerne den Frauen zugeschrieben. Sie bringen Kinder zur Welt, opfern ihre Figur, ihre freie Zeit, ihren bisherigen Lebensstil, und was kommt dabei heraus? Undank! Die Kinder werden größer, aus den süßen Lieblingen werden pubertierende Wesen und man selbst kommt in die Wechseljahre, und das war es dann auch schon. Und der Mann? Entweder ist er längst über alle Berge oder er sehnt sich danach. Jedenfalls ist er kein Rückhalt für die alte Idee, die man einst gemeinsam geschmiedet hat, vom Lebensglück als Familie.

Unser Leben ist ein wunderbarer Nährboden für ein nicht enden wollendes Opferdasein, in das man sich mit betrübter Miene fallen lassen kann. Oder eben auch nicht.

Aber, meine Damen: Die Herren der Schöpfung sind auch nicht mehr, was sie einmal waren. Wenn man beim Familienmodell bleibt, zeigt sich das Bild, dass der Mann sich immer noch als Ernährer sieht und sich dafür abschuftet, die einen mehr, die anderen weniger. Auch sie trifft in der Mitte des Lebens oder einige Jahre danach die Erkenntnis, dass das noch nicht alles gewesen sein kann. Arbeiten ohne Ende und ohne dass es einem gedankt würde. Die Ehefrau hat sich längst in den sexuellen Vorruhestand verabschiedet und selbst ist man mit seiner schlappen Figur und dem trüben Gesicht auch kein Hingucker mehr. Und auch hier gilt: ein wunderbarer Nährboden für ein Opferdasein, in das man sich mit betrübter Miene fallen lassen kann. Oder eben auch nicht.

Ob man sein restliches Leben als Opfer verbringt oder ob man ein beschwingtes Leben führt, hat jeder Mann und jede Frau selbst in der Hand. Freilich bedarf es eines Aktes der Bewusstwerdung und dann eines Aktes der Entscheidung. Wer sich nicht bewusst ist, dass er sich in die Rolle des Opfers begeben hat und hier seine Tage absitzt, der kann sich auch nicht entscheiden, diese Rolle abzulegen. Wer wenigstens weiß, in welcher Sackgasse er steckt, der kann sich zumindest überlegen, was ihn bis zum Ende seines Lebens erwartet, wenn er so weitermacht und sich nicht gegen die Opferrolle entscheidet.

Gut, ich nehme an, die meisten Leserinnen und Leser haben langsam, aber sicher die Nase voll, das Opfer zu sein oder es zu spielen. Was bleibt zu tun? Als Erstes braucht es einen definitiven Entschluss: Groß und fett auf ein Blatt schreiben: *Schluss damit! Ich bin kein Opfer mehr!* Die Herren dürfen auch schreiben: *Kein Waschlappen mehr! Es reicht!*

Bleibt die Frage: Was jetzt? Wenn man etwas weggibt, und sei es auch nur eine Rolle, dann braucht man eine neue Rolle. Wie die aussehen könnte, kann ich hier natürlich nicht generell vorschlagen, aber wie wäre es zum Beispiel mit der Rolle eines selbstbestimmten Menschen, der sein Glück ab sofort selbst in die Hand nimmt?

Jetzt werden sicherlich viele *Aber* kommen. „Ja, das wäre schön, aber ich bin schon zu alt, zu schwach, zu sehr in Verpflichtungen verstrickt, habe nicht die finanziellen Mittel, um meine Lebenssituation zu ändern …. Welche *Aber* haben Sie? Tauchen *Aber* auf, und das werden sie, dann fragen Sie sich mal ehrlich: *Wollen* Sie Ihre Opferrolle überhaupt opfern? Oder lebt es sich nicht doch auch ganz angenehm in ihr? Als Opfer ist man immerhin nicht selbst schuld an seinem miesen Leben. Man verbringt seine Tage ruhig und fühlt sich wenigstens halbwegs sicher. Man muss seine Ängste nicht überwinden und nichts Neues wagen. Alle Tage verlaufen gleich, nicht gerade schön oder gar begeisternd, aber wenigstens weiß man, was man hat und wie es morgen aussehen wird. Wenn das auf Sie zutrifft und Sie wissen nun um Ihre Lage und lassen alles so, wie es ist, dann ist das auch eine Entscheidung. Eine Entscheidung, dass die Opferrolle zu Ihnen passt und dass Sie diese Rolle behalten wollen. Soll so sein, eine jede und ein jeder ist frei in seinen Entscheidungen.

Wer dagegen jetzt erstmals so richtig erkennt, dass er schon lange und ohne es zu wissen sich in der Opferrolle befindet, der darf sich nun dagegen entscheiden und sich der Aufgabe stellen, sich auszumalen, wie seine Rolle und sein Leben anders gestaltet sein könnte und was er dafür tun muss. Denn eines ist gewiss: Ohne Taten ist die Entscheidung schnell vergessen und man wird sich in der altbekannten Rolle einzementiert wiederfinden.

Ein jeder muss sich klarmachen, wie er nun sein will, was es dafür zu ändern gilt. Danach beginnt der spannende Prozess der Umsetzung, der einem zeigt, ob man das Zeug für eine andere Rolle und ein besseres Leben hat oder nicht.

# Sich die Erlaubnis geben

Sind Sie ein grenzenloser Egoist? Eher nicht, würde ich meinen, ansonsten würden Sie dieses Buch erst gar nicht lesen. Sie würden keinerlei Probleme haben, sich die Freiheiten zu nehmen, die Sie für sich beanspruchen. Und darum geht es hier: sich die Freiheit zu nehmen, etwas zu tun, woran das Herz hängt. Sich die Erlaubnis zu geben, etwas zu sein, zu tun, zu unterlassen. Welche Wünsche kehren Sie seit Jahren unter den Teppich? Woran vermeiden Sie zu denken, weil es zu wehtun würde, daran erinnert zu werden, dass Sie sich die Erfüllung des Wunsches nicht gestatten?

Eine schöne Reise vielleicht? Sie würden so gerne Rom, Paris oder Barcelona sehen, eine Kreuzfahrt in die Karibik oder eine Safari machen und haben es längst als unerfüllbaren Wunsch in den hintersten Winkel Ihres Herzens verbannt?

Weil???

Sie als Pensionär(in) sicher mehr Zeit dafür haben werden? Ihre Kinder/Ihr Mann/Ihre Frau Sie hier und heute brauchen? Sie das Geld für „nützliche“ Dinge benötigen? Ihr Haus bis ans Lebensende abbezahlen müssen und darum sich sonst nichts leisten sollten?

Wer sich einen Herzenswunsch erfüllen will, muss den ersten Schritt setzen, die wichtigste Hürde nehmen: sich selbst die Erlaubnis dazu geben. Wenn Sie laut und deutlich rufen können: „Ja, verdammt, ich bin es mir wert!“, dann Glückwunsch. Die Umsetzung Ihres Wunsches kann und soll beginnen. Jetzt, und nicht irgendwann. Also los, gehen

Sie es an, jetzt oder nie, wer weiß, wann es noch einmal so gut passen wird.

Vielleicht wollen Sie sich eine Liste machen, auf der Sie obenhin den Titel *Mir Gutes tun* schreiben. Und dann überlegen Sie, was Ihnen wirklich guttun würde und was Sie bisher unterlassen haben, weil Sie immer bei sich selbst gespart haben, und zwar bei allem, was Ihnen Freude macht.

Meine Liste beginnt mit: Auf einer Luftmatratze liegen und auf den Wellen schaukeln, es hat 30 Grad, wolkenloser Himmel, die Sonne über mir, der weiße Sand ist in Sichtweite; ich liege am Rücken, die Augen geschlossen, genieße die Wärme, das sanfte Auf und Ab der Wellen trägt, entspannt und öffnet mich. Die Schultern sind so butterweich, absolut streichfähig. Danach sitze ich im Schatten, mein Rücken lehnt an einer Palme, in einer Hand ein kühler Drink. Nur das Rauschen der anrollenden Wellen in den Ohren und die unendliche Weite des Meeres vor Augen, dessen Blau in das Blau des Himmels fließt … oh, sorry. Das war jetzt *mein* Traum. Jetzt sind *Sie* dran: Was würde Ihnen so richtig guttun? Schreiben Sie drauflos, nicht lange überlegen. Was wäre jetzt so richtig supertoll?

Sich die Erlaubnis zu geben, kann Teil des gesamten Lebens werden und auch die kleinen Dinge des Alltags betreffen. Ein paar Anregungen: sich die Erlaubnis zu geben, heute glücklich zu sein; sich dies und jenes zu gönnen; jemanden um Verzeihung zu bitten; blau zu machen und einen Tag lang zu faulenzen; spontan wegzufahren, etwas Verrücktes zu machen; „Ich liebe dich“ zu sagen.

Oft braucht man einen sanften Tritt, um das zu tun, was einen glücklich macht. Am besten wäre es, Sie geben sich diesen Tritt selbst. Sagen Sie sich: „Warum eigentlich nicht? Bin ich blöd, mich nicht zu verwöhnen, nicht das zu tun, was ich wirklich so gern tun würde?" Eben. Das Problem ist bloß: Sie haben bisher nicht gehandelt und bräuchten vielleicht zusätzlich als Ansporn einen echten Tritt ins Hinterteil. Leider bin ich, jetzt in diesem Augenblick, in dem Sie diese Zeilen hier lesen, nichts weiter als ein Gedanke in Ihren Gehirnwindungen. Allzu gern wäre ich Ihnen behilflich, würde ein Bein aus dem Buch strecken und Ihnen, in aller Freundschaft, kräftig in den Allerwertesten treten. Leider müssen Sie sich mit der Vorstellungskraft begnügen, wie ich Ihnen diesbezüglich behilflich bin. Und Zack! Gern geschehen! Was man nicht alles macht, um zu helfen …

Also. Zurück zur Liste und aufschreiben: Welche Wünsche habe ich verschleppt und mir nicht gegönnt? Welche Wünsche werde ich mir jetzt erfüllen?

Und schon kann sie losgehen, Ihre ganz private Wohlfühl-Revolution.

# Nie wieder!

Haben Sie sich schon oft geschworen, irgendetwas „nie wieder“ zu machen? Weil es Ihnen nicht gutgetan hat, es nur anstrengend war, Ihnen nicht im geringsten Spaß gemacht hat, Sie sich damit nun wirklich keinen Gefallen getan haben, Sie sich danach schlecht gefühlt haben, weil das, was Sie gesagt, getan oder unterlassen haben, schlicht und einfach schlecht für Sie und damit ein Fehler war?

Fehler zu machen ist natürlich in Ordnung. Wenn wir uns damit jedoch schaden, dann sollten wir trachten, nicht immer und immer wieder dieselben Fehler zu machen. Beispiele? Wieder einmal viel zu viel getrunken? Wieder einmal bei der Arbeit einem Kollegen ausgeholfen, obwohl Sie selbst genug um die Ohren hatten, noch dazu im Wissen, dass er es Ihnen nicht dankt? Wieder einmal zu viel gearbeitet, nicht Schluss gemacht, so lange, bis Ihnen schwindelig wurde oder der Rücken schmerzte? Wieder einmal nicht „Nein“ gesagt zu den überzogenen Forderungen anderer? Einen Abendtermin wahrgenommen, obwohl Sie am nächsten Tag früh aus den Federn mussten?

Dass wir immer wieder dieselben Fehler machen, dafür gibt es viele Gründe. Zum Beispiel, weil wir nicht „Nein“ sagen können (siehe das folgende Kapitel) oder weil wir schlicht und einfach vergessen, dass unser typisches Verhalten in bestimmten Situationen sich immer wieder als nachteilig für uns auswirkt, weil wir hoffen, dass beim nächsten Mal alles ganz anders wird, und auch, weil Erinnerungen trügerisch sind. Das, woran wir uns zu erinnern glauben, stimmt in vielen Fällen nicht mit dem überein, was wir damals tatsächlich gefühlt haben.

Um diesen Fehlern zu entkommen, wäre es nützlich, sich eine Liste anzulegen mit dem Titel „Nie wieder!“ In diese Liste tragen wir alle unsere Fehler ein, die wir nicht mehr wiederholen möchten. Es empfiehlt sich, so eine Liste langfristig anzulegen, also zum Beispiel als Datei auf dem PC, denn so eine Liste, wird sie lange genug geführt, hält uns über einen großen Zeitraum auch sämtliche zyklischen Fehler vor Augen. Zyklisch? Genau, denn unser Leben verläuft zyklisch, also im Rahmen der gesellschaftlich festgelegten Ereignisse. Beispiele: „Auf der Weihnachtsfeier zu viel getrunken. Peinlich.“ Oder: „Habe bei der Terminvergabe des Sommerurlaubs allen Kollegen den Vortritt gelassen. Ich bekam dadurch erst am Sommerende Urlaub, musste den ganzen heißen Juli und August arbeiten, das hat mir den ganzen Sommer versaut. Nächstes Jahr setze ich meinen Wunschtermin durch.“

Damit sich Fehler nicht ständig wiederholen: Liste anlegen und ab und zu ein Auge darauf werfen.

# Nein sagen

Gehören Sie zu den Menschen, die anderen nichts abschlagen können, die ständig Dinge tun, die sie eigentlich nicht tun möchten? Dann sollten Sie sich die Gründe hierfür einmal ansehen. Tun Sie es aus wirtschaftlichem Kalkül? Oder weil Ihnen beigebracht wurde, dass man immer darauf achten soll, was andere denken könnten? Oder haben Sie einfach zu wenig Selbstwert und bewerten die Anliegen eines anderen höher als das eigene Wohlergehen?

Wie auch immer, eines sollte klar sein: Wenn Interessen kollidieren, bedeutet ein *Nein* zu einer Forderung ein *Ja* zu sich selbst.

Wenn Sie bisher immer ja zu anderen und dadurch nein zu sich selbst gesagt haben und an diesem Zustand etwas ändern möchten, dann bedarf es eines eindeutigen Entschlusses dazu und dann heißt es üben.

Beispiel: „Kannst du am Samstag aushelfen?“ – „Das geht (leider) nicht, ich habe das Wochenende bereits verplant.“ Das reicht. Mehr braucht es nicht. Lange Erklärungen oder gar Entschuldigungen sind bereits wieder ein *Nein* zu sich und seinem Selbstwert. Stehen Sie für sich ein und üben Sie so lange, bis Ihnen ein Nein zu unerwünschten Forderungen ganz selbstverständlich über die Lippen kommt und Sie sich nicht mehr länger ausbeuten lassen.

Zudem lohnt es sich, die *eigenen* Forderungen an sich selbst einmal zu durchforsten und auch diese gehörig auszusieben. Sagen Sie auch *Nein* zu Dingen, die Sie einmal meinten, sich selbst abverlangen zu müssen. Sortieren Sie obsolete Anforderungen an sich selbst aus. Ein jedes *Nein* führt zu einem *Ja* zu sich und einem freieren, leichteren Leben. Beispiel: Sie meinten bisher, es jemandem schuldig zu sein, ihn immer und immer wieder zu bedienen, ihm zu helfen oder in irgendeiner Weise zu unterstützen. Sehen Sie sich Ihre Situation genau an und erleichtern Sie sich. Man muss deshalb kein grenzenloser Egoist werden, doch sollte man den eigenen Interessen zumindest gleich viel Gewicht geben wie fremden. Tun Sie sich etwas Gutes und seien Sie freundlich zu sich. Sagen Sie immer öfter *Ja* zu sich.

Die schwierigste Übung aber wartet noch auf uns: *Nein* zu sagen in den großen Dingen des Lebens. Wenn wir in Sachen Liebe, Beziehung, Job, Freunde, Gesundheit, Finanzen, Berufung oder Lebensglück vielleicht seit Jahren das Falsche machen, und im Grunde wissen wir, wo es falsch läuft, dann gilt es, den Mut aufzubringen, sich die Situation näher anzusehen und auch Entscheidungen zu treffen, die die Eckpfeiler unseres bisherigen Lebens ins Wanken bringen können. Ist auch hier vielleicht ein Nein in einem oder in mehreren Punkten nötig, um daraus ein Ja zu sich und seinem Lebensglück zu machen?

# TEIL 2
# Die Macht der Gedanken

## Klarheit schaffen

Sie kennen Ihre Aufgabe? Wissen, was zu tun ist? Wissen, wie Ihr Lebensglück oder wenigstens ein befriedigender Tag aussehen könnte? Oder überlegen Sie bereits zum tausendsten Mal, was und wie und überhaupt?

Häufig stressen wir uns mit einer Vielzahl an Gedanken, wiegen die Möglichkeiten ab, die uns bereitstünden, wenn wir sie denn auch wahrnehmen würden, denken: Soll ich das oder jenes tun oder doch etwas ganz anderes?

Das kann die großen Dinge des Lebens betreffen (was will ich sein, tun, haben) oder die Kleinen (was kann ich im Augenblick tun). Zu wissen, wer man ist und was man will, ist für jene Menschen, die stets darüber nachdenken, aber zu keinem Ergebnis kommen (oder immer zu einem anderen), eine Sache des psychischen Überlebens. Denn dreht sich das Gedankenkarussell beständig im Kreis, stresst einen das dermaßen, dass man verrückt werden könnte.

Was hilft, ist Klarheit zu schaffen. Leicht gesagt, ich weiß, aber dennoch: Klarheit schaffen ist Pflicht für Menschen, die Klarheit brauchen. Jene freilich, die ihr Leben zubringen, ohne sich groß Gedanken darüber zu machen, und denen es dabei gutgeht, weil ihnen nichts abgeht, die haben nichts zu klären.

Diese Zeilen hier richten sich freilich an Sie, liebe Leserin, geneigter Leser, die und der Sie Ihr Leben nicht so leicht und frei von der Leber weg absitzen, sondern etwas Besonderes aus Ihrem Leben machen möchten (oder wenigstens diesen Tag nicht völlig sinnlos vergeuden wollen). Ihnen stellt sich die Frage nach dem Leben und wie man es leben soll.

Über die vielen Möglichkeiten, wie man Lebensvisionen, Ziele und Pläne erarbeitet, gibt es eine Vielzahl an Büchern. Freilich schaffen es die wenigsten, befriedigende Antworten zu liefern. Wenn Sie mich schon fragen, was ich zu dieser Frage beisteuern kann, dann möchte ich sinngemäß auf Donald Walschs Bücher „Gespräche mit Gott" (siehe Literaturempfehlungen) verweisen. Die mehr als tausend Seiten fasse ich folgendermaßen zusammen: Eine Berufung zu etwas Bestimmtem gibt es nicht. Leben bedeutet wählen. Wählen Sie sich eine Sache, der Sie sich voll und ganz verschreiben möchten. Hören Sie auf Ihr Gefühl. Was begeistert Sie? Wählen Sie, entscheiden Sie sich. Und dann ziehen Sie es durch.

Fühlen
Wählen
Durchziehen.

Klarheit schaffen ist aber auch für den Alltag wichtig. Wir haben so viele Rollen zu spielen, so viele Aufgaben zu bewältigen, dass wir oft nicht wissen, wo uns der Kopf steht. Wir sind nicht nur Frau Huber oder Herr Meier, sondern auch Mutter, Vater, Liebhaber, Geliebte, Familienernährer, Hausfrau (ganz selten auch Hausmann), Freund, Sohn, Tochter, Kollege, Chef, „Freund" von zahllosen virtuellen Kontakten und vieles mehr. In der Freizeit füllen wir weitere Rollen aus, sind ehrenamtlich unterwegs oder Bierwart beim Kegelverein. Und nicht zuletzt möchten wir uns selbst verwirklichen, also Sinn in unser Leben bringen, etwas vollbringen, worauf wir stolz sein können, etwas tun, woran unser Herz hängt.

Alle diese Rollen versuchen wir auszufüllen. Dass dafür Prioritäten gesetzt werden müssen, ist klar, noch können wir uns nicht klonen. Oft merken wir nicht, wie uns die vielen Aufgaben über den Kopf wachsen. Wir werden nervös, hektisch, schreien vielleicht jemanden an, der nicht weiß, warum. In solchen Situationen hilft nur eines: Ruhe bewahren. Hinsetzen. Tief und langsam atmen. Sich sammeln. Sich klarwerden: *Ich muss gar nichts. Müssen gibt es nicht.* Hilfreich ist es, sich seine Gedanken zu notieren. Was geht mir durch den Kopf? Was treibt mich, was stresst mich? All die ungelösten Erledigungen und Probleme niederschreiben. Dann das Ergebnis betrachten. Und erkennen. *Ah, so sieht es aus, das also macht mir zu schaffen. Das gehört erledigt.* Dann können wir entscheiden: Was möchte ich wann machen, muss ich überhaupt alles machen, was kann ich delegieren, was ganz streichen?

Klarheit in das Gedankengewirr zu bringen, entspannt uns schlagartig. Wir erkennen, dass wir uns einen großen Teil des Stresses selbst einbrocken und dass bei ein bisschen Planung alles halb so schlimm ist. Und vor allem erkennen wir, an welchen Problemen wir uns aufreiben. Sind diese erst einmal erkannt und formuliert, löst sich ein Teil davon in Luft auf. Das Formulieren der Probleme zeigt uns in vielen Fällen bereits ihre Lösung. Der nächste Schritt: Festlegen, wann man was erledigen will. Der letzte Schritt: Hintern hoch und los geht es.

# Kein Problem

Manchmal ist es zum Aus-der-Haut-Fahren. Es gibt Tage, da scheint sich wirklich alles gegen dich zu verschwören. Oft fängt es ganz harmlos an, die Milch im Kaffee ist sauer oder der Computer fährt langsamer hoch als ein Lift in den 80er Jahren. Eine Tür schlägt dir vor der Nase zu oder ein Zeitungsverkäufer nervt dich am Telefon und sogar das Wetter ist genau so, wie du es gar nicht magst. Alles kein Problem, wenn das alles wäre. Aber an diesen speziellen Tagen, da hört es einfach nicht auf. Alles, was dich ärgert, nervt, ängstigt, verunsichert oder wütend macht, wirklich alles tritt aus dem Schatten des Konjunktivs und befällt dich sehr aktiv und ohne Rücksicht auf Verluste. Nichts ist so, wie es sein sollte, und dann nerven auch noch all die anderen. Ein Wichtigtuer überholt dich in seinem Angeberschlitten und zwingt dich, mit einem gewagten Überholmanöver auf die Bremse zu springen. Während du ihm den Vogel zeigen willst, stockt dir der Finger in der Luft, weil du ganz perplex registrierst, dass *er* dir bereits selbigen zeigt. Du drückst auf die Hupe, ebenso auf den Hebel mit dem Aufblendlicht, und als du wenig später wütend durch die 50-km/h-Zone rauschst und Ausschau nach diesem unmöglichen Typen hältst, blitzt es aus dem Radarkasten und du hast nicht einmal freundlich gelächelt. Zuhause kannst du natürlich nicht auf die Schnelle ein freundliches Gesicht machen und musst dir anhören, dass dies ein wenig erfreulicher Anblick ist. Ruhe willst du, nichts als Ruhe, sie kostet nichts und ist doch so schwer zu bekommen. Denn sobald du dir ein Entspannungsbier gönnen willst, die geöffnete Flasche schon in Händen und bereit, den Hintern auf dem bequemen Stuhl auf der Terrasse breitzusitzen, da startet doch der Nachbar, dieser Unmensch, seinen Rasenmäher und du weißt: Der mäht *ewig.* Langsam dämmert es dir: Das wird immer so weitergehen, wenn du nichts unternimmst. Aber was?

Vielleicht, dass du einsiehst, dass du selbst es bist, der dein schlechtes Gefühl (Leid, Angst, Ärger, Wut) erzeugt. Wie das? Indem du Tatsachen interpretierst, ausschließlich negativ natürlich. Denn: Ein Rasen wird gemäht (auch beim Nachbarn); der Computer braucht seine Zeit zum Starten (vor allem, wenn er ein altes Fabrikat ist); Autofahrer verhalten sich nicht gentlemanlike (nimm dich selbst an der Nase); und das Wetter ist, wie es ist.

Alles Tatsachen.

Leid entsteht durch *deine Reaktion* auf diese Tatsachen. Dein abwehrendes Verhalten, dein Widerstand gegenüber dem, was ist, dein Anders-haben-Wollen macht aus dir einen frustrierten, ärgerlichen und vor allem leidenden Menschen.

Und wie kannst du dich davon freimachen? Erkenne es. Erkenne, dass du dich selbst mit deiner Reaktion schädigst und nicht ein anderer oder die Umstände. Du erkennst also den Mechanismus. Wirst du die Tatsachen nun annehmen, so wie sie sind? Es liegt in deiner Hand. Manchmal *will* man sich einfach ärgern und macht so weiter wie bisher. Hat man aber genug davon, dann kann man es gut sein lassen.

Unser Wohlbefinden hängt also sehr stark von unserer Sicht der Dinge ab, Dinge, die nun mal eben sind, wie sie sind.

Wie könnten wir die Dinge anders sehen? Entspannter. Eine entspannte Grundhaltung kann man üben. Tritt ein Ereignis ein, auf das wir bisher negativ reagiert haben, erkennen wir die Situation als solche und entscheiden uns, dieses Mal nicht auszurasten. Natürlich wird es uns nicht gelingen, ab sofort buddhamäßig in die Welt zu lächeln, das braucht es auch gar nicht, wir sind nicht Buddha, wir sind wir, mit unseren Möglichkeiten und Eigenschaften. Aber wir können uns entspannen und nicht säuerlich reagieren. Nicht um als „braver" und netter Mitmensch zu gelten, sondern um uns selbst einen Gefallen zu tun.

Wie wäre es, wenn wir das Motto „Kein Problem" in unser System aufnehmen? Vielleicht gefällt Ihnen „Mir doch egal" oder „Passt" oder „Nur mit der Ruhe" oder „Macht doch nichts" oder „Na, wenn schon" besser? Oder wie wäre es mit der guten alten Lebensweisheit: „Es ist, wie es ist. Und es kommt, wie es kommt"? Suchen wir uns doch eine Phrase aus, die gut zu uns passt und die uns nicht verlogen vorkommt. Eine Phrase, die uns hilft, Dinge grundsätzlich nicht als Problem zu sehen. Und das ist auch der Kern der Sache: Dinge grundsätzlich nicht als Problem sehen.

Wenn Sie sich sagen, „Aber Hallo! Vielleicht *will* ich mich ja aufregen? Ich brauch das!" Kein Problem, niemand will Ihnen etwas wegnehmen. Wenn Sie allerdings genug davon haben, wenn es Ihnen lästig wird, ständig Tabletten wegen des hohen Blutdrucks nehmen zu müssen, dann probieren Sie doch die „No Problem"- Sicht einfach einmal aus.

## Der Giftzwerg

Wenn es in uns rumort (im Geist und nicht im Magen) und sich die ganze Welt wieder einmal gegen uns verschworen hat, dann lässt sich der Geist beruhigen, indem wir uns klarmachen, dass wir selbst für diesen Zustand verantwortlich sind, indem wir so denken, wie wir denken. Vielleicht können wir den geistigen Knüppel dann sinken lassen. Manchmal aber, da *wollen* wir das nicht. Da hat sich einfach zu viel Ärger angestaut, der will heraus aus uns. Wie wir ihm Ausdruck verleihen, dafür gibt es natürlich verschiedene Methoden (jemand anschreien, eine böse Nachricht schreiben, etwas Gemeines aushecken …), ich darf eine Methode empfehlen, die so einfach wie effektiv ist:

Man lasse seinen inneren Giftzwerg (das ist der Typ, der sich gerade fürchterlich aufregt) zu Wort kommen. Stellen wir uns vor, wie er neben uns steht oder, besser noch, wie er herumhüpft und vor sich hin flucht. Mein Tipp: Lassen wir den Giftzwerg freiheraus poltern und zensieren wir ihn nicht. Schimpfwörter aus der untersten Schublade plärrt er heraus? Sehr gut! Völlig unter Niveau? So ist es recht. Lassen wir ihn über Gott und die Welt schimpfen; alles, was ihm in den Sinn kommt, alles darf raus, alles soll raus.

Und wenn dem Giftzwerg nach einiger Zeit nichts mehr einfällt und er den Knüppel erschöpft sinken lässt, werden wir vielleicht ein Lächeln im Gesicht haben und uns befreit wieder anderen Dingen zuwenden können.

## Widerstand aufgeben

Wenn wir die Welt stets anders haben wollen, als sie nun mal ist, sollten wir das Problem vielleicht einmal grundsätzlich beleuchten. Gemeint sind hier nicht die Eckpfeiler im Leben, die man nicht akzeptieren kann (schlechte Partnerschaft, mieser Job, der Typ im Spiegel vor mir, das kann unmöglich ich sein), sondern die tausend alltäglichen Gedanken, die uns im Kopf kreisen. Beispiele: Warum ist das Kind bloß so stur? Warum spricht die Frau immer nur von sich? Warum regnet es heute schon wieder? Warum findet der Typ mit Hut im Auto vor mir sein Gaspedal nicht? Warum sieht meine Kollegin immer besser aus als ich? Warum grüßt mich dieser Idiot so unfreundlich? Warum läuft beim Nachbarn der Fernseher so laut? Warum sind alle Politiker unfähig? Warum fragt niemand, wie es *mir* geht? Warum ist die Ampel immer rot? – Die Liste der Umstände, die uns nicht in den Kram passen, ließe sich endlos weiterführen.

Widerstand zeigt sich in vielen Formen. Immer wenn wir uns vor etwas fürchten, uns Sorgen machen, etwas loswerden wollen, etwas haben wollen, das wir nicht haben können, etwas nicht wahrhaben wollen, wenn wir jammern, ein tragisches Gebaren an den Tag legen, immer dann tun wir uns selbst nichts Gutes. Der inneren Spannung liegt immer eine Art von Wollen zugrunde. Wollen bedeutet einen Zustand, der nicht ist. Wir wollen also etwas anderes, als das im Moment tatsächlich ist. Unser Wollen versetzt uns in Spannung. Wir schädigen uns mit diesem Wollen, dem Widerstand, der Spannung. Nicht nur unsere Psyche leidet, sondern auch unser Körper.

Wenden wir unsere Aufmerksamkeit in einer Situation heftigen Widerstands doch einmal unserem Körper zu. Bemerken wir die flache, eingeschränkte Atmung? Den schnellen Herzschlag? Die zusammengepressten Kiefer? Die angespannten Schultern, den hochgezogenen Nacken, das Grummeln im Bauch? Wie wir wissen, tut uns nichts davon gut. Es macht nicht nur schlechte Laune, sondern es ruiniert unsere Gesundheit. Wenn wir ständig im Widerstand leben, dürfen wir uns nicht wundern, früher oder später krank zu werden. Denn der Körper verschleißt sich in seiner stetigen Anspannung; seine Energie kann nicht mehr frei fließen, in seinem einsamen Kampf gegen den Dauerstress (Widerstand ist Stress) verbraucht er seine Ressourcen. Das Wunderwerk des Körpers hält zwar immens viel aus, es korrigiert ununterbrochen unsere Attacken, die wir durch industrielle „Nahrungsmittel" (Zucker, Fett und Zusatzstoffe ohne Ende), Stubenhockerei und Stress gegen ihn reiten. Doch irgendwann ist Schluss mit lustig. Beschwerden stellen sich ein, „Symptome" sagt die Medizin dazu und liefert gleich massenweise Medikamente, die wir gerne schlucken, um unser Leben nicht ändern zu müssen.

Können wir verhindern, ständig im Widerstand, im Stress zu leben und krank zu werden? Natürlich. Indem wir uns des Widerstands bewusst werden und uns entschließen, diesen mehr und mehr aufzugeben. Indem wir weicher werden, die Dinge mehr akzeptieren (auch den momentanen Widerstand und die Spannung nur beobachten, sie für den Moment akzeptieren, nicht weghaben wollen) und uns und die Welt um uns herum liebevoller betrachten.

Auch können wir direkt mit unserem Körper kommunizieren. Die Zellen und alle Körperstrukturen reagieren darauf, auch wenn man das vielleicht nicht glauben mag. Wir können mit unserem Körper auch sprechen. Wenn wir angespannt sind, sorgenvoll und ängstlich, können wir ihm sagen, dass alles gut ist, dass es keine echte Bedrohung gibt, und wir können ihm versprechen, ab sofort besser auf ihn aufzupassen, ihn besser zu pflegen, ihn nicht alleine zu lassen in seinem Kampf, gesund zu bleiben.

Auch freut sich unser Körper über Berührungen. Berührungen geben Trost, Sicherheit, Liebe und das Gefühl, mit anderen verbunden zu sein. Nicht nur Kinder finden Ruhe, wenn man sie in den Arm nimmt. Berührungen bieten nicht nur emotionalen Halt, auch die geistige und körperliche Gesundheit profitiert von Hautkontakt. Wenn wir jemanden umarmen, leiten Tastsensoren im ganzen Körper unzählige Signale an das Gehirn weiter. Schon ein Rückenkraulen wirkt wie ein Orkan im Gehirn. Bei sanfter Berührung produziert der Körper ein so genanntes Wohlfühlhormon, das Oxytocin. Dieses Hormon reguliert den Stoffwechsel, der Stresspegel sinkt und Ängste schwinden.

Wir leben in einer weitgehend berührungsarmen Zeit. Die Digitalisierung ersetzt den direkten menschlichen Kontakt immer mehr. Wir unterhalten uns, indem wir mit einem technischen Gerät sprechen, die Jüngeren unter uns sprechen nicht mal mehr, sondern sie tippen, Tag und Nacht. „Freundschaften" bestehen oft nur mehr virtuell.

Wie oft berühren wir jemanden am Tag? Berührung ist nicht Sexualität. Sex in seiner optischen Ausprägung ist heute überall präsent, in Medien und hier vor allem im Internet. Berührung dagegen ist oft tabuisiert und Mangelware. Millionen Sexseiten im Internet können aber keine Berührung ersetzen, denn echte und befriedigende Sexualität funktioniert nur über den Tastsinn. Unser natürlicher Hunger nach Körperkontakt will aber gestillt werden. Bekommt man im Alltag zu wenig davon, sucht man sie in Massagen etc. Die Wellnessindustrie boomt auch deswegen, weil sie mit der Sehnsucht des Organismus nach Berührung arbeitet. Berührt zu werden ist eine starke Sehnsucht, die unter die Haut geht. Erwachsene verdrängen ihr Bedürfnis nach Berührung häufig und begnügen sich mit Ersatzbefriedigungen der Konsumgesellschaft. Wie viele Handtaschen und Schuhe stehen in *Ihrem* Schrank?

Wenn wir unsere Spannungen abbauen möchten, wenn wir uns etwas Gutes tun wollen, sollten wir uns und andere also mehr berühren. Und wenn ich niemanden habe, der mich berührt, dann berühre ich mich selbst. Bin ich verspannt, kann ich mir über die Schulter streichen, den Schmerz ausstreichen, oder ich lege mich einfach hin, atme tief und langsam in den Bauch.

Still zu liegen bietet auch eine gute Möglichkeit, mit seinem Körper zu sprechen. Man kann sich zum Beispiel sein Innenleben visualisieren, also sich bestimmte Vorstellungen machen. Ein Beispiel: Wenn man krank ist, kann man sich mit seinen Immunzellen verbünden. Man kann sich mit ihnen auf die Jagd nach Krankheitserregern begeben, sie anfeuern und ihnen schließlich für ihre Arbeit danken.

Wenn wir mit unserem Körper sprechen, ihn als Freund und nicht als Last sehen, wenn wir ihn in seiner großartigen Arbeit unterstützen, wenn wir weniger mentalen Widerstand leisten, wird unser Körper auch wieder lernen, loszulassen und Spannung zu reduzieren. Gesundheit und Wohlergehen werden dadurch wieder möglich.

# Raus aus dem Gedankenkarussell

„Selig sind die Armen im Geiste, denn ihrer ist das Reich der Himmel." Als Kinder münzten wir diese Bibelstelle auf Menschen, die wir für dumm hielten, die „nur wenige Gedanken im Kopf" hatten. Mittlerweile hat man erkannt, dass es auch ein Vorteil sein kann, nicht allzu viele Gedanken zu wälzen und dass ein überbordendes Leben im Kopf mehr Schaden anrichten kann als Nutzen. Längst kann man auch in Seminaren erlernen, wie man es schafft, möglichst wenig (zwanghaft) denken zu müssen. Auch selbst wünschte ich mir schon des Öfteren einen „armen Geist", denn mittlerweile interpretiere ich besagte Bibelstelle als „Selig sind die, die Stille im Geiste haben." Das sind Menschen, die zwar denken *können*, aber nicht *müssen*. Menschen, die ihren Verstand unter Kontrolle haben, einen Verstand, der gesund funktioniert, der ruhig ist und kein Eigenleben führt. Einen Verstand, der nicht zwanghaft und endlos Probleme sucht und lösen will, der nicht ständig bewertet und urteilt, einen Verstand, der sich selbst nicht aufdrängt, sondern Diener seines Herrn, des Menschen, ist.

In Zeiten wie diesen, und damit meine ich Zeiten, die geprägt sind von Hektik, Überreizung, Stress, Burnout, Depressionen, Ängsten und all den anderen weniger schönen Facetten unseres Lebens, hat bei vielen Menschen das Leben im Kopf, also das Denken (um nicht zu sagen: das Hirnwichsen) ein solches Ausmaß angenommen, dass dies alles andere als gesund ist. Es bringt uns im Gegenteil in Teufels Küche und bereitet uns schon mal die Hölle auf Erden. Wir finden einfach den Ausschaltknopf für unsere Gedankenaktivität nicht mehr und werden überschwemmt mit Befürchtungen, Vorstellungen, Ablehnungen Vorurteilen und vielem mehr.

Aus endlosem Denken entsteht Leiden. Denn die unaufhörliche, automatische Reproduktion von (meist negativen) Gedanken verbraucht nicht nur sinnlos viel Energie, sie löst auch Spannung in uns aus und damit Leid, weil sich im Hintergrund stets Gefühle der Angst, Bedrohung und Abwehr verbergen.

Oft sind wir derart in unserer Gedankenwelt gefangen, dass wir die äußere Wirklichkeit um uns gar nicht mehr wahrnehmen. Wir leben in diesen Minuten in unserem Kopf und nicht in der äußeren Realität. Das Schlimme daran ist, dass wir dieses Kopfkino für die Realität halten.

Wir versuchen mit Denken reale Probleme zu lösen, doch dies kann nur durch Handeln geschehen. Bei jedem derartigen (sinnlosen) Versuch bleibt Spannung im Körper, die wiederum die Denkmaschine anheizt. Diese Spannung versuchen wir dann meist wiederum mittels Denken zu lindern, indem wir uns zum Beispiel in Gedanken beruhigende Worte zusprechen. Noch viel schädlicher als das endlose Nachdenken über reale Probleme ist das Nachdenken über nichtreale Probleme. Über solche, die wir uns nur einbilden, die ausschließlich in unserem Kopf existieren (und das sind jede Menge). Die lassen sich natürlich überhaupt nicht lösen, nicht einmal durch Handeln. Leiden wir unter der zwanghaften Wiederholung der immer gleichen Gedanken, ist das ebenso unnütz wie schädlich. Wenn man einwendet: „Ja stimmt, aber ich kann das ja nicht ändern, die Gedanken kommen einfach, wie sie wollen", dann mag das stimmen, denn unser Denken entzieht sich oft unserem Willen, es denkt einfach in uns, ob wir das wollen oder nicht.

In vielen Fällen beschäftigen wir uns in Gedanken mit der Zukunft und diese Gedanken sind oft negativ dominiert (z.B. von Ängsten).

Oder wir beschäftigen uns mit der Vergangenheit, mit Gedanken an Erlebtes, oft genug mit daraus hervorgehender Wut, Enttäuschung und ähnlich unschönen Dingen. Mit negativen Bewertungen und Auffrischungen von Vergangenem vermiesen wir uns die Gegenwart, also das reale Leben. Beschäftigen wir uns nur lange genug mit negativen Erlebnissen oder Befürchtungen und reiten wir wieder und wieder auf ihnen herum, dann steht am Ende dieser Fahnenstange eine körperliche und/oder psychische Krankheit. Wahlweise schädigen wir das Herz oder den Verdauungstrakt, bekommen Schmerzen oder Panikattacken, Angststörungen oder gar eine ausgewachsene Depression, aus der sich viele letztendlich nur mit einem Suizid zu entziehen wissen (das ist keine Übertreibung, eine schwere Depression mündet unbehandelt in vielen Fällen in einer Selbsttötung.) Gründe genug, um etwas dagegen zu unternehmen.

Und man *kann* etwas unternehmen gegen endlose Gedankenwälzerei. Es gibt genügend Bücher, die verschiedene Methoden (vor allem Meditation ist hilfreich) in aller Ausführlichkeit beschreiben, ich möchte hier in gebotener Kürze eine Methode zusammenfassen, mit der ich selbst das Problem weitgehend in den Griff bekommen habe. Wenn mir nun jemand zurufen möchte: „Gedankenloser Depp!", dann bedanke ich mich für das Kompliment.

Nun gut, wie schafft man es also, das Gedankenkarussell zu stoppen? Indem man die Sache *beobachtet*. Man sieht sich seine Gedanken an, beobachtet, welchen Schrott man den lieben Tag lang so denkt. Das hört sich wenig spektakulär an, doch ist es der erste und entscheidende Schritt. Man beobachtet sich und seine Gedanken. Dadurch schafft man eine Distanzierung zu den Gedanken. Ich bin nun *Ich* (als Ganzes) und nicht mehr nur meine Gedanken. Ich kann ihnen zusehen und mich sogar über sie amüsieren: über welchen Quatsch sich der Verstand dauernd aufregt, vor welchen Unsinnigkeiten er sich fürchtet. In den meisten Fällen führt bereits diese Beobachtung dazu, dass der

Gedankenstrom ein paar Gänge heruntergeschaltet wird und vielleicht sogar erlahmt.

Es schadet auch nicht, sich vorzunehmen, künftig nicht mehr auf seinen schädlichen Gedanken herumzukauen, doch was wirklich hilft, ist die sehr bewusste Beobachtung dessen, was sich in den Gehirnwindungen abspielt. Manche nennen das Aufmerksamkeit, andere Achtsamkeit, andere wieder Bewusstheit oder Bewusstsein. Wie auch immer. Man sieht sich selbst beim Denken zu.

Wer will, kann sich einen Spaß daraus machen und versuchen, seine Gedanken völlig zum Stoppen zu bringen. Etwa indem man sich vorstellt, wie die Gedanken von außen durch ein Loch zwischen den Augen in Stirnhöhe in uns eintreten. Wir sehen uns jeden einzelnen Gedanken an, wie er seinen Gedankenkopf hereinsteckt und in unseren Kopf will. Dadurch lässt sich zumindest für einige Sekunden die Gedankentätigkeit völlig eindämmen, denn ein Gedanke hasst es, wenn man ihm zusieht. Da kann es schon passieren, dass er den Kopf einzieht und sich verdünnisiert. Dazu braucht man kein Meister der Meditation zu sein, kein Guru und kein Einsiedler. Das kann ein jeder, mit ein bisschen Übung.

Wenn wir unseren Geist gezähmt haben, können wir uns auch besser auf die Realität einstellen und diese überhaupt erst als solche erkennen. Die Realität, damit meine ich das, was jetzt und hier tatsächlich ist: Sie, der dieses Buch in Händen hält und die Stirn runzelt; alles was um uns ist, die Menschen und was sie tun, die Gegenstände, die Insekten, die Wärme oder die Kälte, aber ebenso unseren Körper und unsere Gefühle.

Das Wort „Achtsamkeit“ wird häufig für diesen Prozess der Fokussierung verwendet, fast jeder weiß mittlerweile, was damit gemeint ist, dennoch finde ich das Wort „Aufmerksamkeit“ besser, es beschreibt klarer, worum es geht.

Aufmerksamkeit ist wie der Lichtstrahl eines Leuchtturmes. Wir sehen immer nur das, worauf wir unseren Strahl richten. Wie man weiß, kann man seine ungeteilte Aufmerksamkeit immer nur einer Sache zuwenden (wenn wir Multitasking betreiben, wenden wir uns *keiner* Sache wirklich zu). Entweder sind wir in unserer Gedankenwelt versunken oder wir konzentrieren uns auf die Außenwelt. Sobald wir unsere Aufmerksamkeit *wirklich* unserer Umgebung zuwenden (und das ist erst möglich, wenn wir unseren überaktiven Geist gedrosselt haben) und dabei völlig passiv bleiben und also nicht urteilen oder bewerten, entdecken wir tausend kleine Wunder, die uns vorher gar nicht aufgefallen sind, eben weil wir mit unseren Gedanken beschäftigt waren. Wir sehen die Menschen nicht nur, indem wir registrieren, dass sie da sind, sondern wir können sie *wirklich* sehen: ihr Lächeln oder ihren Ärger, ihre kleinen Gesten und ihre große Persönlichkeit. Wir nehmen auf, was in unserer Umgebung vorgeht. Wir sehen dann die Menschen und die Dinge vielleicht zum erstenmal so, wie sie wirklich sind, ohne sie durch unsere Interpretationen oder Unaufmerksamkeit zu verfälschen. Wenn wir uns frei machen vom Zwang zu denken, vom Wollen, von Wertungen und Urteilen, können wie die Welt so sehen, wie sie tatsächlich ist.

# Freiheit darf nicht zum Zwang werden

Wenn Sie Ihr sauer (oder leicht) verdientes Geld für dieses wunderbare kleine Buch ausgegeben haben, dann vermute ich stark, dass Sie künftig freier und leichter leben möchten als bisher. Vielleicht fühlen Sie innere Zwänge, Ängste oder Blockaden, vielleicht sehen Sie sich von Ihrem Umfeld und den Umständen Ihres bisherigen Lebens eingeengt. Vielleicht sind Sie sogar ein so vehementer Verfechter Ihrer persönlichen Freiheit, dass Sie just die Suche nach einer immer größeren Freiheit unfrei macht?

Gibt es nicht? Gibt es doch. Ich bin selbst in diese Falle getappt, und hätte mich mein Freund Wolfgang Pichler nicht darauf aufmerksam gemacht, so würde ich diesem Ideal noch immer hinterherlaufen. Und ich muss sagen, er hat Recht, der gute Herr Psychotherapeut Wolfgang. Er sagte mir Folgendes: „Für mich wirkt dein so scheinbar freies Leben eher wie ein Gefängnis mit sehr weitläufigem Hofgang."

Da blieb mir ein paar Sekunden der Mund offen, bis ich dann konterte: „Wie bitte? Ich bin doch ein derart freier Mensch, dass es nicht viele von meiner Sorte gibt! Ich bin selbstständig, also beruflich mein eigener Herr, besitze weder Uhr noch Wecker, stehe auf, wenn es mir passt, arbeite, wenn es mir beliebt, kann in nahezu jeder Minute meines Lebens selbst und frei über meine Zeit und mein Tun bestimmen. Und ich soll nicht frei sein?" Der tickt doch nicht richtig, der Herr Therapeutenfreund.

Doch leider, er tickt und auch noch richtig. Und so hat er mich dann ruhig und gekonnt aufgeklärt, was er denn meinte. Er erklärte mir, dass ich meinen Drang nach Freiheit so weit gesteigert habe, dass er zu einem Zwang geworden sei. Das Wort *neurotisch* will ich überhört haben, so etwas würde mein lieber Freund nie zu mir sagen, aber die Sache mit dem Zwang, da hat er leider Recht. Ich war so weit in meinen Freiheitsbestrebungen fortgeschritten, dass ich meine Freiheit auf den Wirkungskreis anderer Menschen ausgedehnt habe. Konkret: Wenn ich Ruhe haben will, dann sollen mir andere diese gefälligst nicht nehmen. Sie haben also bitteschön ruhig zu sein. Wenn ich an einem Buch arbeite, soll der Nachbar gefälligst nicht Rasen mähen. Zu laut! Oder die Kinder sollen woanders spielen, wo ich sie nicht hören kann. Und weil das Leben kein Wunschkonzert ist, entwickelte ich in meiner Ablehnung jeglicher Begrenzungen (ich fühlte mich begrenzt durch das Tun anderer) große Abneigung gegen alle möglichen Aktivitäten anderer, die mich stören könnten. Im Laufe der Zeit reagierte ich darauf mit körperlichen Beschwerden, Anspannung und vor allem mit Schmerzen. Und mit Ärger und Angst vor Lärm. Auch begann ich alle Situationen zu meiden, die mich begrenzen könnten. Ich wich immer mehr Situationen aus und zog mich zurück (auch wenn mir das damals nicht bewusst war.).

Mein Freund (er definiert Freundschaft durch Aufrichtigkeit) fand dafür die Worte: „Deine ach so hoch gelobte Freiheit ist sehr häufig nichts anderes als ein Ausweichen vor Aktivitäten anderer Menschen, die dir nicht in den Kram passen. In diesem Sinne bist du ein Spießer, auch wenn das mit Gartenzwergen nichts zu tun hat. Dein Spießertum ist viel subtiler. Ein offener Mensch lässt andere tun, was sie eben tun. Leben und leben lassen. Du aber suchst geradezu nach Anzeichen, die dich stören könnten, und reagierst darauf wie eine Antenne. Das ist dein Spießertum. Du versuchst dein Leben lang kein Spießer zu sein, sondern frei wie ein Vogel, doch du wirst immer mehr zu dem, was du zu vermeiden suchst. Was man bekämpft, dem bleibt man verhaftet."

Na danke! Das habe ich noch gebraucht. Nachdem der Ärger verflogen war und ich darüber nachgedacht habe, musste ich zugestehen: Der

Gute hat mich treffend analysiert, besser gesagt, durchschaut. Er hat leider Recht. In meinem Bestreben, immer freier zu werden, habe ich übersehen, dass das massive Freier-werden-Wollen zu einem inneren Müssen, einem Zwang geworden ist.

Seitdem weiß ich: Ein freier Mensch hat die Freiheit, nicht frei sein zu *müssen*. Er kann Unfreiheiten auch akzeptieren. Er muss seine Freiheit nicht irrational ausdehnen. Frei ist, der nichts *muss*, besser noch, der nichts braucht. Wenn jetzt der Nachbar Rasen mäht oder ich im Auto hinter einem Traktor hinterherzuckeln muss (streng genommen, nimmt so ein Furchengefährt mir meine Freiheit, aufs Gas zu steigen), dann bin ich viel gelassener als früher. Ich *muss* nicht frei sein, alles zu tun, wie es mir beliebt, ohne mich deswegen unfrei zu fühlen. Den Körper freut das, statt ständig angespannt, darf er nun weicher sein und der Blutdruck muss keine Höhenläufe mehr veranstalten. Freiheit *ja*. Aber nicht unbedingt. Freiheit, ohne den Zwang, diese irrational ausleben zu müssen.

Freiheit heißt auch nicht, dass man sich von seiner Umwelt abkapseln soll. Im Gegenteil. Nähe und Miteinander gehören zu einem freien und erfüllten Leben. Wer davon fantasiert, als Einsiedler in einem Wald oder einer Höhle zu hausen, hat seine Freiheit längst verloren, denn er fühlt sich unfrei im Leben, so wie es nun einmal ist. Leben ist Gemeinschaft. Natürlich darf man sich zurückziehen und als Eremit leben, wenn man das aber unbedingt *haben muss*, dann ist es mit der Freiheit nicht weit her.

# TEIL 3
# Die Macht des Augenblicks

# Einfach glücklich sein

Gibt es glückliche Menschen? Solche, die immer glücklich sind? Wohl kaum. Es gibt eine Grundtendenz, manche sind meist glücklich oder meist unglücklich und an anderen Tagen sehen sie die Welt andersrum. Sehen wir einen offensichtlich sehr glücklichen Menschen, kann es sein, dass wir ihn um sein Glück beneiden. Warum ist der so glücklich und wir nicht? Um ein altes Sprichwort zu zitieren: „Ein jeder ist seines Glückes Schmied." Ist was dran an diesen Worten oder ist eine Frohnatur von Natur aus froh? Wohl beides. Es gibt sicherlich eine emotionale Grundausstattung, mit der wir ins Leben starten, doch eine gehörige Portion unseres Befindens entsteht in unseren Köpfen. Wir entscheiden, wie wir die Welt sehen. Ich zitiere hier nicht das wohlbekannte halbvolle oder halbleere Glas, doch ob die Welt grau oder bunt ist, das entscheiden wir zu einem guten Teil selbst. Meist tun wir das zwar nicht bewusst oder gar absichtlich, doch wie wir die Welt sehen, das haben wir uns selbst zuzuschreiben.

Setzen wir uns doch mal eine Weile auf eine Parkbank und beobachten die Gesichter der Menschen. Was sehen wir? Vielleicht ein paar lachende Gesichter, Kindergesichter wohl, doch die Erwachsenen? Sauer. Sorgenvoll. Gehetzt. Genervt. Glücklich? Selten. Sehr selten. Und das in unserer Wohlstandsgesellschaft. Alles haben wir im Überfluss, nur eines macht sich rar, das Glücklichsein.

Meist geht es uns gut, kleinere Probleme nehmen uns in Beschlag, die Gedanken kreisen. Worum kreisen sie? Um ein Leben, in dem es uns noch besser gehen könnte? Um Dinge, die wir noch nicht haben? Um Umstände, die besser sein könnten? All diese Gedanken drücken einen Mangel aus. Wir haben nicht genug, sind nicht gut genug, könnten noch besser sein, das Leben könnte besser sein, zu uns vor allem.

Wenn wir diese Unzufriedenheit an uns bemerken, schlage ich vor, innezuhalten und laut „Stopp!“ zu rufen (wenn es Ihnen peinlich ist, dann rufen Sie es in Gedanken), und falls wir stattdessen glücklich sein wollen (viele wollen das gar nicht, auch wenn sie es nie zugeben würden), dann entscheiden wir uns ganz bewusst dazu: „Ich bin jetzt glücklich.“

Nicht für immer (das klappt ohnehin nicht), sondern jetzt. Jetzt bin ich glücklich. Zum Teufel noch mal, warum sollte ich es nicht sein!? Wer erkennt, dass es genug Gründe gibt, dankbar und glücklich zu sein, darf sich entscheiden, jetzt diesem Gefühl zu folgen, und tatsächlich dankbar und glücklich sein. Man darf sich auch gestatten, wirklich begeistert glücklich zu sein. Ja, warum denn nicht einmal auf den emotionalen Putz hauen und so richtig innerlich oder auch laut jubeln?! Warum nicht? Eben.

Sich bewusst für das Glücklichsein zu entscheiden, befreit uns sofort von dem üblichen geistigen Kleinkram, den wir alle den ganzen Tag wälzen. Also, ich gehe jetzt mal voran und sage: „Ich bin jetzt glücklich.“

# Das Vorübergehende lieben

Wer das Vorübergehende lieben kann, ist ein wahrer Meister der Lebenskunst. Da nichts im Leben beständig ist, erscheint das Festhalten ohnehin als absurd. Dennoch klammern wir uns alle an das, was im Moment ist, was wir im Moment haben. Wir alle wollen glücklich sein. Manchmal erreichen wir diesen Zustand und machen bald den Fehler, das Glück, das Gefühl des Glücks festhalten zu wollen. Und schon ist es wieder weg. Lieben wir das Glück, wenn es da ist, im Wissen, dass es im nächsten Moment entschwinden darf, dann bleibt es vielleicht noch ein wenig länger.

Aber auch die Trauer, die schmerzende Wehklage über das, was wir fühlen, ist ein Zustand des Moments. Wir dürfen auch die Trauer lieben, sie erfüllt ihren Zweck. Auch sie bleibt nicht bei uns, wird anderen Zuständen weichen. Wenn wir auch jene Emotionen, die wir nicht mögen, akzeptieren und sie nicht ablehnen, egal, wie sie sich im Moment anfühlen mögen, dann verlieren sie ihre Schärfe. Wir können dann einen Sinn in ihnen erkennen, sie müssen nicht mehr unbedingt verschwinden, wir können den Augenblick auch gut mit ihnen verbringen.

Wenn wir einen Erfolg erzielen, freuen wir uns? Kurz. Und dann? Versuchen wir ihn festzuhalten, und schon weicht das Glücksgefühl dem Wollen, also einem Zustand des Mangels. Wenn wir etwas wollen, dann brauchen wir schon wieder etwas. Stattdessen: Erfreuen wir uns am Augenblick des Erfolges und genießen ihn, ohne in die Zukunft zu blicken und ihn dadurch zu schmälern.

## Beweglich bleiben

Je älter wir werden, desto schwerer fällt es uns, uns nicht nur körperlich, sondern auch geistig zu bewegen. Unsere Ansichten sind so, wie sie sind, unser Lebensstil spricht von Kontinuität, er ist in vielen Bereichen seit Jahren unverändert. Wir alle sind so in unseren Rollen gefangen, dass wir immer und immer wieder dasselbe machen und dasselbe unterlassen; dass wir stets auf dieselbe Art reagieren, stets das eine gutheißen und das andere nicht. Nie lassen wir auch nur die geringste Abweichung der über die Jahre eingeübten und nun festgefahrenen Verhaltensmuster zu. Kurzfristige Veränderungen zeigen wir meist nur in emotionalen Ausnahmesituationen (zum Beispiel im Fall eines Lottogewinns) oder unter Alkoholeinwirkung, aber auch das schön regelmäßig, zum Beispiel jeden Samstagabend.

Sie sind davon nicht betroffen? Wenn Sie biologisch und/oder geistig jung sind, dann ist das durchaus möglich. Die meisten anderen jedoch dürften sich wahrscheinlich in dem einen oder anderen der folgenden Beispiele oder kategorischen Feststellungen wiedererkennen:

„Bei diesem Wetter lieber nicht."
„Solche Filme sehe ich mir nicht an."
„Ich kann diese Musik/Bücher nicht ausstehen."
„In Museen…. gehe ich eigentlich nie."
„Mit Menschen wie dem spreche ich prinzipiell nicht."
„Verwandtschaftsbesuche – ohne mich!"
„Schalke 04. Was sonst/um Himmels willen!"

Gehören Sie zu den Menschen, die im Urlaub sagen: „Wunderbar ist es hier. Das Meer. Die Wärme. All die fröhlichen Menschen. Herrlich!" Um im nächsten Augenblick zu raunzen: „Aber am Montag ist schon wieder alles vorbei. Wieder den Wecker stellen, ins Büro fahren, oh Gott, könnte ich doch hierbleiben." Klar, dass dann aus der wohligen Wärme schnell unerträgliche Hitze wird, und man über die fröhlichen Menschen vielleicht denkt: *Die haben gut lachen, haben wahrscheinlich den größten Teil des Urlaubs noch vor sich.*

Diese Einstellung vermiest uns das Leben. Denn es gibt immer ein Danach. Das Leben ist eine lange Reihe von Augenblicken. Und die meisten dieser Augenblicke bewerten wir – meist ohne es zu wissen. Jede einzelne Situation wird bewertet: Gut – schlecht – naja – perfekt – mies – Frechheit – ah, sehr gut – so lala – o.k. – schade – so ein Glück – usw. Jeder Moment existiert nicht nur objektiv, sondern auch subjektiv durch unsere Bewertung. Und durch unser Werten ergibt sich unsere Welt, wie wir sie sehen, fühlen und wahrnehmen. Wir basteln uns unsere eigene Welt. Genau das tun wir, ständig, in jeder Sekunde. Wir erschaffen unsere Welt. Ist uns das klar, würden wir uns vermutlich für eine schönere Welt entscheiden.

Wenn wir uns dessen bewusst sind, können wir auch viel besser, das heißt gelassener, mit dem, was sich jetzt im Augenblick zeigt, umgehen. Denn wir wissen, dass einer als negativ bewerteten Situation bald wieder eine positiv bewertete folgen wird. Im Bewusstsein, dass das Leben eine Abfolge von Momenten ist, dürfte es uns auch leichter fallen, einen „schlechten" Moment gelassener hinzunehmen. Fortgeschrittene können solche Momente im Hintergrund ihres Bewusstseins sogar freundlich annehmen, ja sogar lieben. Der Trick ist, dass man sehr wohl wütend, ängstlich oder traurig sein darf, dies aber dennoch eingebettet sieht in das Große und Ganze, eingebettet in ein weiches, riesiges Bett von Momenten, das unser Leben ausmacht.

Wir dürfen unsere Wut herauslassen und dennoch können wir das Bewusstsein haben (im selben Augenblick), dass auch die Wut vergänglich ist, dass wir die Wut, die Angst, die Trauer, die Eifersucht und all die anderen Zustände, die wir ablehnen, als das annehmen, was sie sind: Emotionen, die ausgedrückt werden wollen. Emotionen, die jetzt im Augenblick hier sind, die aber auch bald wieder abgelöst werden von Emotionen, die wir uns wünschen. Im Wissen, dass jedes schlechte Gefühl eine Augenblickserscheinung ist, ein vorübergehender Zustand, können wir diese Emotionen vielleicht sogar mit freundlichen Augen sehen, vielleicht schon die kommenden warmen Emotionen der Liebe mitschwingen spüren. Wenn wir die endlose Kette von Augenblicken, die das Leben ausmacht, als eine lange Welle mitsamt ihren vielen Bergen und Tälern erkennen, dann gelingt es uns vielleicht, milde mit den Momenten umzugehen, die wir als Tal erleben.

Was uns bleibt: die glücklichen Zeiten genießen und nutzen. Und die Vergänglichkeit des größten Glücks und die Augenblicke des Unglücks akzeptieren, im Wissen, dass immer wieder neues Glück kommen wird.

# Alles sein lassen, wie es ist

Manchmal wacht man auf und denkt sich: Oh Gott! Wieder so ein Tag, den es zu überstehen gilt. Und so kommt es dann natürlich auch. Am Weg zur Arbeit fährt man hinter dem größten Vollpfosten auf Erden her (er fährt langsamer als ein Tempomat-Fahrer), der Chef schaut mit verkniffener Miene auf die Uhr, während man ins Büro hetzt; die Kollegen sind auch nicht mehr das, was sie einmal waren. Am Heimweg – das gibt es jetzt wirklich nicht! – pickt man wieder dem Vollpfosten an der Stoßstange. Endlich zuhause. Entspannen? Mitnichten! Der Nachbar startet eine frühabendliche Lärmorgie: Rasen mähen, trimmen und dann vielleicht noch mit der Motorsäge ein wenig herumspielen.

Kurz gesagt: Alle verhalten sich einfach unmöglich. Alle. Man kann sich schwarz ärgern, bis man gerädert ins Bett fällt. Die Alternative dazu: Man macht sich (hoffentlich) möglichst früh am Tag bewusst, was da abläuft, nämlich, dass die anderen so sind, wie sie sind, und dass man selbst nur *dann* daran leidet, wenn man sie anders haben will, wie sie nun mal sind. Was hilft, ist so simpel und doch (manchmal) sehr schwierig: Alles sein lassen, wie es ist. Alle so sein lassen, wie sie sind und denken: „Mir doch egal! Was soll´s? Juckt mich nicht."

Es ist, wie es ist. Schlimm fühlt sich das nur an, wenn man damit nicht einverstanden ist. Wenn man es anders haben will, wenn es anders sein *muss*! Dann wird das Leben zur Qual, und verantwortlich dafür sind wir selbst. Das soll nicht heißen, dass man sich alles gefallen lassen soll. Keinesfalls. Wenn ich etwas verändern kann, dann mache ich das, und zwar rasch und nicht zum zehnten Jubiläum-Ärger-Tag. Dann lasse ich mal auch den Ärger raus, zumindest mache ich meinen Standpunkt klar. Aber: Viele Dinge sind nicht zu ändern, und wenn ich mich darüber ärgere, dann sollte ich mich eigentlich über mich selbst ärgern.

Warum also nicht sein eigener Freund sein und die Dinge, die nicht zu ändern sind, so lassen wie sie sind? Und wie merkt man, in welchem Modus man sich befindet? Ganz einfach. Schau in den Spiegel. Hast du keinen bei der Hand, schau dir andere Leute an, wie sie dich ansehen, meist spiegeln die anderen die eigene Mimik. Oder höre in den Körper. Bist du angespannt? Ist dein Nacken aus Beton? Die Schultern hochgezogen? Trabt der Puls gemütlich dahin oder galoppiert er mit den Gedanken und Gefühlen um die Wette?

Ertappt man sich, wieder einmal in die Falle gegangen zu sein, und leistet man dem *Sein* Widerstand, dann hilft es, sich diesen Zustand bewusstzumachen, tief durchzuatmen oder eine Pause zu machen, vielleicht kurz hinlegen und die Augen schließen und sich vornehmen, sich nicht mehr länger selbst zu quälen.

Eine andere Möglichkeit der Reaktion ist, dass ich für den Moment nichts mehr ernst nehme, dass ich mir die Lächerlichkeit des ganzen Ärgers und meiner Situation bewusstmache und dann darüber innerlich oder richtig lache. Eine sehr gesundheitsfördernde Reaktion, die man sich vielleicht angewöhnen sollte. Macht man gute Erfahrungen damit, sollte man sich vielleicht überlegen, diese Haltung (nichts mehr ernst nehmen) generell in sich aufzunehmen.

Eine Form des Widerstands ist die Besserwisserei, das ewige Kritisieren. Sehr beliebt ist dieses Spiel unter Partnern und Eheleuten. Er weiß alles besser, und sie kritisiert sein Verhalten. Ein kleiner Stich hier, ein kleiner da. „Die Schuhe könntest du schon in den Schrank stellen, Schatz." Als Dankeschön bekommt sie ein „Gibt es heute einmal was Gutes zum Essen?" serviert. Das Motto: Mach dies, lass das. Dies sollte man so machen und das hast du schon wieder falsch gemacht.

Und wenn man seine Kritik nicht ausspricht, dann denkt man sie und glaubt, der andere bekommt das nicht mit.

An manchen Tagen, das sei zugegeben, ist die Übung, alles gut sein zu lassen, sehr schwer umzusetzen. Das sind die Tage, an denen der innere Kritiker tobt und sich nicht beruhigen will. So lange, bis es Streit gibt, Ärger und ordentlich Saures. Wenn das mentale Fass schon am Überlaufen ist, dann kann es sein, dass man gar nichts mehr sein lassen kann, wie es ist. Dann hilft nur, seinem Ärger Ausdruck zu verleihen. Ist man nicht (mehr) in der Lage, ohne große Emotionen eine Sache anzusprechen, dann kann eine Ersatzhandlung helfen, wie z.B. das Verprügeln einer Boxbirne. Zu diesem Mittel kann ich ruhigen Gewissens raten, es tut gut, sich so richtig abzureagieren.

Und wenn Sie glauben, dass das Kritisieren nicht das Ihre ist, dass Sie ohnehin alles gelassen nehmen, dann achten Sie einmal auf Ihre vielen Worte und noch mehr Gedanken, die Sie jeden Tag produzieren: Welche überwiegen? Die positiven oder die negativen? Ganz ehrlich? Eben.

## Es könnte noch besser sein

Auch wenn im Moment alles gut ist, könnte es doch ein wenig besser sein. Richtig? Ich veranschauliche es mit einem wenig rühmlichen Beispiel: Ein Julitag, das Thermometer zeigt 30,5 Grad Celsius, ich gönne mir hitzefrei und treibe auf einer silbernen Luftmatratze in meinem Pool. Eine sanfte Saharaprise streicht mir über den Bauch (ich liege also auf dem Rücken), alles ist ruhig und äußerst angenehm. Und? Registriere ich das auch so? Mitnichten! In Gedanken sehe ich mich an einem Sandstrand, wie ich gerade ins Wasser laufe, um mich herum hübsche Frauen, die mich anlachen … Träumen wird man ja noch dürfen, sicher, aber wenn sich Unzufriedenheit ins paradiesische Jetzt drängt und Gedanken an noch größeres Glück den ohnehin guten Ist-Zustand beeinträchtigen, dann muss man sich schon fragen, was da falsch läuft im Denken. Soll heißen, man soll sich bewusstmachen, was man hat und das Jetzt nicht mit Zukunft und das Hier nicht mit einem Dort vermiesen.

Der Weisheit Schluss: Träumen ist erlaubt, aber vergessen wir nicht den wirklichen, echten Augenblick, er ist der einzige, den wir tatsächlich leben können.

# Danke

An Tagen der Unzufriedenheit, wenn so gar nichts läuft, wie man es gerne hätte, wenn man sich gedanklich im Kreis dreht und auf keinen grünen Zweig kommt, ist es vielleicht an der Zeit, alle Gedankenaktivitäten so weit wie möglich aufzugeben und alles gut sein zu lassen und stattdessen einfach „Danke" zu sagen. Dem Leben danken. Danke sagen, es denken und fühlen. Einfach dafür, dass man leben darf. Am Wunder des Lebens überhaupt teilnehmen zu dürfen ist doch ein Privileg; eine nicht immer leichte Angelegenheit zwar, die viel Gutes und Schlechtes mit sich bringt, aber jedenfalls eine überwältigende Erfahrung. Manchen hilft es auch, sich an die guten Momente des bisherigen Lebens zu erinnern, an die Augenblicke, an denen uns etwas Großes gelungen ist oder etwas Kleines und doch Bedeutsames.

Menschen, die eine schwere Krankheit, einen Unfall oder eine andere Situation, die einem die Endlichkeit des Lebens drastisch vor Augen führt, überleben, sind sich des Geschenks des Lebens sehr bewusst. Wenn man mit ihnen spricht, kommt diese Dankbarkeit, noch leben zu dürfen, oft klar zum Ausdruck. In den Tagen, den Wochen und Monaten nach einer schweren Phase fällt es meist leicht, die Dankbarkeit in sich zu fühlen. Danke, danke, lieber Gott, möchte man ausrufen. Danke für dieses Geschenk.

Mit der Zeit vergisst man diese Dankbarkeit wieder und der Alltag schleicht sich ein und mit ihm der menschliche Hang zur Unzufriedenheit. Und plötzlich ist man wieder mitten drinnen im Sog seiner

Gedanken, seiner eingebildeten Probleme, und man hadert mit dem … Leben! Und in diesem Augenblick, wenn wir an das Leben an sich denken, sollte uns wieder kopfschüttelnd und lächelnd der Irrsinn unserer Luxusproblemchen bewusst werden, und wir dürfen innehalten und *Danke* sagen, an diesem Wunderwerk, genannt *Leben,* überhaupt teilnehmen zu dürfen. Niemand weiß, wie viele Atemzüge wir noch machen dürfen, wie oft wir noch zu jemanden sagen können: *Ich liebe dich* oder *Ich danke dir.* Keiner weiß, was hinter der nächsten Ecke lauert, was der nächste Tag bringen wird, nur eines ist gewiss: Jetzt, in diesem Augenblick dürfen wir atmen, dürfen wir sehen, hören, riechen, schmecken, lächeln und vieles mehr. Wir dürfen uns glücklich schätzen mit dem, was uns im Augenblick geschenkt wird.

All jene, die eine akute Lebensbedrohung, eine schwere Krankheit zum Beispiel, hinter sich haben, wissen das. Um uns diese Dankbarkeit anzueignen, brauchen wir aber nicht darauf zu warten, dass uns das Leben prüft und wir eine schwere Hürde zu meistern haben. Es ist so einfach wie erhebend: Schließe die Augen, fühle dich und dein Eingebundensein in das Leben und danke dem Schöpfer oder wem auch immer, atmen und leben zu dürfen.

# Wir leben in Freiheit

Dankbar dürfen wir auch für die äußeren Umstände unseres Lebens sein. Dafür, hier und heute in der westlichen Welt zu leben. Wir wurden in die reichsten Länder der Erde hineingeboren. Wir haben ein Dach über dem Kopf, ein jeder darf eine Ausbildung machen, sich einen Beruf aussuchen. Ein jeder darf im Prinzip alles tun, solange er nicht grundlegende Regeln verletzt und andere nicht schädigt. Wir dürfen reisen, wohin wir wollen, wir dürfen sagen, was uns wichtig ist, und schreiben ohne Zensur.

Diese so günstigen äußeren Umstände sehen wir meist als selbstverständlich an. Wir denken darüber kein bisschen nach. Es sei denn, eine Flüchtlingstragödie oder die Leiden eines der vielen aktuellen Kriege werden in den Medien sehr emotional vermittelt, oder es verschlägt uns einmal in eine der vielen armen Regionen dieser Welt. In diesen Augenblicken nehmen wir unsere glückliche Lage vielleicht eine Zeitlang bewusst wahr. Wir dürfen uns an die Nase fassen und uns glücklich schätzen, die vielen Möglichkeiten unseres Daseins auf dem Silbertablett serviert bekommen zu haben.

# Explodieren vor Glück

Eine für das Gemüt ebenso einfache wie befreiende Übung hat mir Psychotherapeut und Freund Wolfgang Pichler verraten. Er sagte: „Wenn du unter Leuten bist, denke von jeder Person, die dir entgegenkommt: *Die zerreißt es gleich vor Glück.*“

Gesagt, getan. Und ich darf sagen, dass mir die Umsetzung dieses Tipps viel Freude bereitet. Indem man sich vorstellt, dass ein anderer gleich vor Glück explodieren wird, tut man sich selbst einen großen Gefallen. Es geht einem selbst sofort besser und durch dieses Denken, dass es dem anderen so enorm gutgeht, strahlt man den anderen an und bekommt somit statt der üblichen grimmigen oder gleichgültigen Blicke erstaunte oder erfreute Gesichter zu sehen. Wie man in die Welt hineinschaut, so schaut sie zurück.

Auch wenn man alleine ist, denkt man oft an andere. Denkt man wiederum, dass es dem anderen sehr gutgeht, dann färbt das auch auf einen selbst ab. Die Befreiung von schlechter Laune funktioniert also auch, wenn man alleine im stillen Kämmerchen sitzt und erfreut, wohlwollend, positiv an andere denkt.

# TEIL 4
# Neues ins Leben lassen

„Wenn das so ist, ohne mich."
„Das habe ich immer schon (nicht) gemocht."
„Mit mir nicht!"
„Habe ich dir nicht schon immer gesagt, dass …"
„Montags nie!"
„Um diese Uhrzeit?"
„Ich mache das immer so."

Immer wieder folgen wir unseren Verhaltensmustern in ganz alltäglichen Dingen. Muster, die wir kaum jemals verlassen. Wir sehen den Nachbarn und schauen weg oder grüßen ihn immer auf die gleiche Weise, wir reagieren auf Geräusche/Gerüche/optische Reize immer gleich („zu laut!", „das stinkt!", „sexy!") und vieles mehr.

Zusammenfassend lässt sich sagen: Wir kommentieren das Geschehen immer gleich, also annehmend („mag ich") oder ablehnend („oh Gott!"). Dem Gehirn gefällt solch ein Verhalten, denn es spart dabei Energie, alles läuft im Dauermodus, wir gleiten im fünften Gang gemächlich über die Landstraßen unserer Denkfabrik. Kein Aufwand, alles ist (gleich) gut oder (gleich) schlecht, wie gehabt eben, alles ist so wie immer und das wirkt beruhigend.

Wenn Ihnen das so gefällt, auch gut, dann soll es so sein. Das Akzeptieren des ewig Gleichen ist auch eine Art von Freiheit, sofern man nicht eigentlich ganz gern anders handeln und sein würde, man es aber nicht schafft, aus dem Einerlei auszubrechen.

Wer aus seinem Dauermodus auch mal aussteigen will, der muss dafür aktiv werden, von selbst ändert sich gar nichts. Man kann sich also vornehmen, dem nächsten Verwandtschaftsbesuch einmal freudig entgegenzusehen, oder, wer mit einer leichteren Übung beginnen möchte, wenn es wieder einmal drei Tage lang regnet, könnte man sagen:

„Herrlich!" Und dann vor die Tür treten und sich die Regentropfen ins Gesicht platschen lassen.

Wer über seinen Schatten springt, betritt Neuland. Er steigt über eine unsichtbare Grenze und erweitert seinen Wirkungskreis, seine Ansichten, sein Leben. Oft sind die Mauern der Gewohnheit dermaßen dick, dass Veränderung nicht sofort gelingt. Meist braucht es mehrere Versuche, um tatsächlich einen Schritt außerhalb dessen, was man stets sagt und macht, zu tun.

Veränderung sollte auch vor unseren eigenen Regeln nicht haltmachen. Regeln sind dazu da, sie bei Bedarf zu ändern. Noch dazu, wenn es unsere eigenen für uns selbst aufgestellten Regeln sind. Sind sie nicht mehr sinnvoll für uns, weg damit!

Wer will, der möge sich die Freiheit zurückerobern, welche wir freiwillig durch immer wiederkehrendes Verhalten und Denken und Sprechen aufgegeben haben. Wem es gelingt, der wird auf den Geschmack kommen. Es braucht dazu ein wenig mehr Bewusstsein im Alltag, um seine Muster zu erkennen und entgegen diesen Mustern zu handeln. Sie werden sehen, es macht Sie nicht nur ein Stück freier, es wird Ihnen mit der Zeit so richtig Freude bereiten.

# Neugierig bleiben

Starre Gewohnheiten brechen auf, wenn wir neugierig bleiben und die Lust auf Neues wiederentdecken. Endlich von der (mentalen) Leine gelassen, können wir uns erlauben, wieder unbekanntes, spannendes Terrain zu entdecken, mit offenen Augen die Wege zu gehen und neue Ecken, Winkel, Straßen zu erkunden. Und das alles, ohne uns selbst oder anderen Rechenschaft darüber abzulegen, ob das, was wir da tun, sinnvoll, rechtschaffen, nötig oder reiner Unfug ist. Herrlich, etwas zu tun, ohne Sinn und Verstand. Herrlich, sich Zeit zu nehmen für Spielereien und Unsinn, ohne ein Ziel zu verfolgen, ohne etwas erreichen zu wollen, auszuscheren aus dem engen Korridor unserer Wege und Verhaltensweisen.

Neugier und Abenteuerlust sind die vielleicht wichtigsten Zutaten dafür, wie man alt werden und dabei jung bleiben kann. Wir bleiben frisch und dürfen wieder staunen. Nehmen wir diese Gelegenheit wahr, wird aus einem langweiligen Dasein eine Expedition ins Leben.

Ein kleines Beispiel? Sie leben schon Jahre in derselben Stadt, Sie langweilen sich in ihr, meinen schon alles zu kennen? Dann nehmen Sie sich ein Straßenregister und suchen nach dem Zufallsprinzip zwei beliebige Straßen heraus und dann gehen Sie zu Fuß von der einen bis zur anderen Straße. Oder Sie gehen ohne Ziel durch die Stadt, biegen einmal links und dann wieder rechts ab. Und zwar so lange, bis Sie am Stadtrand angekommen sind. Wenn Sie nicht eben in einem winzigen Dorf leben, werden Sie viele neue Eindrücke bekommen. Kein Wunder, denn die meisten von uns gehen immer dieselben Wege, gehen immer in dieselben Lokale und Geschäfte, trotten im Gewohnheitsmodus durch unsere Tage.

Oder Sie fahren in ein Stadtgebiet, das Sie kaum kennen, steigen an einer Haltestelle aus der Straßenbahn, dem Bus, der U-Bahn und schlendern ohne Ziel nach Lust und Laune durch die Gassen, Parks und Geschäfte. Und erlauben sich dabei, kindlich neugierig zu sein, um dann abends mit vielen neuen Eindrücken erfüllt das Gefühl zu haben, einen „sinnlosen" Tag durchaus sinnvoll verbracht zu haben. Das ziellose Herumspazieren, Flanieren, ohne etwas Bestimmtes vorzuhaben, dem Zufall in die Arme laufen, hat etwas herrlich Befreiendes an sich.

Oder wenn Sie ausgehen: Warum immer in dem gleichen Café mit den üblichen Verdächtigen sitzen? Warum nicht unbekannte Lokale ansteuern? Oder fragen Sie einen beliebigen Menschen auf der Straße nach seinem Lieblingslokal und dann nichts wie hin. Sie lernen dadurch Orte und Menschen kennen, die Ihnen sonst mit Sicherheit entgangen wären.

Oder gehen Sie auf eine Party, auf der Sie niemanden kennen, in eine Vernissage, oder machen einen Schnuppertag in einem Fitnessstudio und schauen sich um, ob Sie etwas/jemanden sehen, das/der Ihnen gefällt.

Wenn man sich in ungewohnte Situationen bringt, gibt man der unbekannten Möglichkeit, man könnte sagen dem Glück, eine Chance.

Neugierig auf das Unbekannte zu sein, was würde sich hierfür besser eignen als die Zeit des Urlaubs? Hier lässt sich die Sehnsucht nach dem Unbekannten bestens stillen. Oder gehen Sie lieber auf Nummer sicher? Jahr für Jahr derselbe Ferienort, im selben Hotel, im selben Zimmer? Sie wissen schon heute, an welcher Ecke Sie Eis kaufen werden und an welchem Tisch die Pizza serviert wird? Sie lieben die „Fremde", weil Sie sie in- und auswendig kennen? Ja, ja und nochmals ja? Auch gut. Ein jeder ist seiner Vorlieben Herr. Doch wenn Sie *eigentlich* etwas Neues entdecken möchten und nur zu faul oder zu feige sind, sich Neues anzusehen, dann Schluss damit! Mutig ein noch (von Ihnen) nie betretenes Land oder eine Stadt wählen und schon sind Ihnen neue Eindrücke sicher. Um sich die Frische, das Neue nicht zu verderben, mein Rat: Lernen Sie Ihr Reiseziel nicht schon vorab zu gut kennen. Informieren Sie sich nicht(!) zu genau, wo und was und wann. Besser erwartungsfrei an einen Ort kommen, ohne davon auszugehen, dies und jenes müsse so oder so sein; das Wetter, die Bauwerke, die Menschen. Den Koffer nicht mit Erwartungen vollstopfen, besser mit der freudigen Erregung des möglicherweise zu Entdeckenden. Einfach mal hinfliegen und sehen, was sich dort findet.

## Dem Zufall eine Chance geben

Ist Ihr Leben straff durchorganisiert? Ihr Tagesablauf festgelegt? Sie wissen, wo Sie wann sein und was Sie da machen werden? Sie wissen schon am Morgen, dass der Tag wie gewohnt verlaufen wird, einiges werden Sie erledigen, manches wird liegen bleiben; beim Zubettgehen kann sich zwar kurz der Gedanke einschleichen, dass der Tag einfach so verronnen ist, ohne dass groß etwas geschehen ist, was sich wie Leben anfühlt, so wie die vielen Tage zuvor auch, ein bisschen wenig war das schon, aber morgen ist ja auch ein Tag?

Ist das heute so, oder oft, meist, oder gar jeden Tag? Geht das schon lange so? Seit Jahren? Das war nie anders? Umso öfter Sie mit *Ja* antworten, desto eher sollten Sie sich fragen, ob Sie nicht zwanghaft Ihre Tage in einer Schablone verbringen, in der der eine Tag dem anderen gleicht. Wenn Sie sagen: „Ja, das ist so, ich liebe mein geordnetes Leben", dann soll das so sein, auch recht.

Wenn Sie aber sagen, Sie würden gern ganz anders leben, aber „irgendetwas" hindert sie daran, dieses enge Korsett abzulegen, dann schauen Sie mal genauer hin, was Sie denn hindert. Ist es Bequemlichkeit? Ist es das sichere Gefühl, das sich breitmacht, wenn Sie bereits am Morgen wissen, was Ihnen der Tag bringen wird? Ist es das Wissen, dass Sie dieses und jenes zu erledigen haben und sich schon beim Aufstehen auf den abendlichen Film im Fernsehen freuen? Oder ist es die Angst, Neues in Ihr sorgfältig gezimmertes Dasein zu bringen? Ein Dasein, das manchmal zwar beengend ist, aber doch vertraut und altbewährt?

Sie fühlen sich sicher im geregelten Lauf Ihrer Tage, würden aber gerne Ihren Auslauf erweitern, ein wenig mehr sehen von der Welt, weil es einfach langweilig ist, immer und immer wieder dasselbe zu tun? Dann probieren Sie andere Verhaltensweisen doch einfach einmal aus. Nehmen Sie sich doch die Freiheit des Probierens.

Man kann ja bei den kleinen Dingen beginnen. Vorschlag: Wenn Sie das nächste Mal shoppen gehen, machen Sie sich vorher keine Gedanken, was Sie sich ansehen oder kaufen möchten, machen Sie sich keine Liste der Dinge, die Sie zu erledigen haben, ziehen Sie stattdessen einfach los. Ohne Plan. Und gehen Sie in Geschäfte, die sie sonst *nicht* ansteuern. Oder geben Sie dem Zufall eine Chance. Soll er entscheiden, wohin es geht. Gehen Sie in jedes dritte Geschäft, das am Weg liegt. Bitte, das richtig zu verstehen: Das ist keine Anleitung zur Shoppingsucht. Sie brauchen und sollen nichts kaufen, vermutlich haben Sie ohnehin genug in den Kästen zuhause gestapelt (wie wir alle), es geht hier nur darum, einen ersten winzigen Schritt weg vom Geplanten und hin zum Zufälligen zu machen.

Denn der Zufall ist ein Meister der Freiheit. Man kann nicht planen, was einem zu-fällt. Und genau darum geht es. Nicht immer und alles planen. Sich Freiräume schaffen. Sich überraschen. Überraschungen ermöglichen, indem man vom ewig Gleichen und damit vom Vorhersehbaren abweicht.

Eine Möglichkeit, den Zufall ins Leben zu lassen, ergibt sich, wie schon vorhin erwähnt, bei der Urlaubsplanung. In früheren Zeiten buchte man eine Reise, ohne allzu viel über den Urlaubsort zu wissen. Ein Foto in einer Zeitschrift, eine Beschreibung in einem Urlaubskatalog, mehr brauchte man nicht. Heute recherchiert man im Internet, sieht sich genau an, wie der Ort, der Strand, das Hotel beschrieben wird, liest dutzende Bewertungen oder sieht sich gar auf Google sehr genau an, wie es vor Ort aussieht. Wenn ich mir im Netz vorab schon ansehe, auf welcher Strandliege ich in einem Monat liegen werde, wozu dann noch hinfahren? Wo bleibt die Überraschung? Muss man denn die Phantasie killen im Namen der totalen Kontrolle?

Wenn Sie sagen: „Ich will aber genau wissen, worauf ich mich einlasse, wenn ich nach Mallorca fliege, schließlich war ich schon zehn Monate nicht mehr dort“, dann soll es so sein. Wenn Sie aber ein wenig spielerische Freiheit in Ihr Leben lassen wollen, dann buchen Sie zur Abwechslung einmal etwas anderes, ohne genau zu wissen, was Sie erwartet. Sie werden am Zielort ankommen, ohne zu wissen, worauf Sie sich eingelassen haben. Das kann dazu führen, dass der Urlaub so gar nicht nach Ihrem Geschmack ist, möglich ist aber auch, dass er überraschenderweise wesentlich besser wird als Ihre üblichen Aufenthalte. Vielleicht entdecken Sie neue Seiten an sich, vielleicht widerlegen Sie Ihre eigenen Vorurteile, dass Ihnen „so ein Urlaub“ nie gefallen würde. Überraschen Sie sich doch einmal! Und das Gute an dieser Methode: Wenn Sie nichts erwarten, werden Sie auch nicht enttäuscht werden. Wie auch?

Planlos zu sein bedeutet, Kontrolle abzugeben. Es heißt loslassen können, sich aus seinen festgefahrenen Ritualen zu befreien, um sie nach und nach mit neuen Verhaltensweisen zu füllen. Viele von uns haben es sich jedoch angewöhnt, alles, aber auch wirklich alles kontrollieren zu wollen. Bei manchen wird daraus ein Zwang, der das Leben drastisch einengt. Ohne Plan zu sein und dies zu begrüßen, dazu braucht man eine gehörige Portion Vertrauen. Eine Art Urvertrauen, dass schon alles in Ordnung ist, so wie es ist und so wie es wird. Loslassen, sich gehen lassen, sich gestatten, gelöst zu sein und einfach mal gar nichts oder scheinbar Sinnloses zu tun.

Man kann sich diese Haltung bis zu einem gewissen Grad selbst beibringen. Wir haben uns den Kontrollzwang selbst eingebrockt, wir können also auch das Loslassen von Kontrolle wieder erlernen. Es ist kein Fehler, mit kleinen Dingen zu beginnen. Überlegen Sie mal. Wo können Sie Kontrolle loslassen? Wo können Sie handeln, ohne zuvor alle Für und Wider durchzukauen?

Das ist gar nicht so leicht, richtig? Das braucht ein wenig Übung. Man muss nur in Bewegung kommen. Etwas machen, ohne lange darüber nachzudenken. Es einfach tun. Wie wäre es mit jetzt gleich?

# Neues ins Leben lassen

Wann war das letzte Mal, dass Sie etwas zum ersten Mal getan haben?

Etwas Neues ins Leben zu lassen, ist ein Akt des Sich-selbst-Beschenkens und des Sich-selbst-Überwindens. Denn was man nicht kennt, das fürchtet man oder man steht ihm zumindest skeptisch gegenüber. Diese Hürde muss man nehmen. Sich bewusst als Anfänger auf etwas einzulassen, kann aber auch eine kindliche Freude sein. Je älter man wird, desto schwerer fällt diese Übung. Man meint, schon alles zu kennen und alles zu wissen, nichts kann einen mehr überraschen. Letzteres stimmt vielleicht, aber man kann sich ja selbst überraschen, etwa indem man etwas tut, das man bisher noch nie oder zumindest seit Ewigkeiten nicht mehr getan hat: ein Musikinstrument spielen, ein Bild malen, jemandem Blumen schenken, jemanden küssen, jemanden umarmen, jemandem sagen, wie toll er ist, einen Urlaub in Island buchen, sich selbst mit einem Tag im Beautycenter beschenken, mit dem besten Freund um die Häuser ziehen, den vor fünf Jahren gekauften DVD-Player endlich an den Fernseher anschließen, in die Kirche gehen, einen Flohmarkt besuchen und alte Schallplatten kaufen, einem Bettler zehn Euro geben und sich an seiner Freude erfreuen.

Ein guter Anfang wäre es, kleine Selbstversuche zu starten. Das Aufstehen am Morgen bietet dazu viele Möglichkeiten. Der Wecker reißt uns aus den Träumen, wir springen auf, Zähne putzen, anziehen, schnell, schnell, ein Kaffee und das übliche Brötchen, den Kleiderschrank durchwühlen … Das geht auch anders. Der Wecker läutet 30 Minuten früher als üblich, wir drehen uns im Bett nochmals um, dösen ein paar Minuten, strecken uns ausgiebig, lassen uns das Frühstück ans Bett bringen, lassen den Tag dabei langsam in uns einsickern… . Das soll nur eine kleine Anregung sein. Selbst wenn man an den Grundpfeilern seines Tages nichts ändern möchte oder glaubt, nichts ändern zu können, lassen sich doch viele Einzelheiten angenehmer und vor allem abwechslungsreicher gestalten.

Nicht nur die Gestaltung des Tagesablaufes lässt sich variieren, sondern auch das, *was* wir den ganzen Tag lang so machen. Warum nicht etwas Neues ausprobieren? Auf eine Veranstaltung gehen, eine noch unbekannte Sportart ausprobieren, was auch immer wir bisher nicht in Erwägung gezogen haben oder, noch besser, was wir eigentlich immer schon mal machen wollten, dagegen aber tausend Ausreden gefunden haben.

Viele nehmen sich zum Beispiel immer wieder vor, einmal einen Marathon zu laufen. Dafür muss man aber trainieren. Doch leider, das Wetter ist entweder zu heiß oder zu kalt, der Trainingsanzug zwickt oder die Laufschuhe sind nicht schick genug. Wie wäre es, sich für den nächsten Marathon tatsächlich anzumelden (der aber bitte keinesfalls in den nächsten drei Monaten stattfinden darf, wir wollen doch nicht die Sanitäter bemühen). Jetzt heißt es, sich ein Trainingsprogramm zu erstellen oder, noch besser, sich eines von jemandem erstellen zu lassen, der sich damit auskennt. Und schon kann es losgehen.

Wenn Sie sich als Gefangener im eigenen Leben fühlen, weil jeder Tag dem anderen gleicht und weil nie etwas wirklich Neues „passiert“, dann versuchen Sie es einmal damit: *Das mach ich jetzt einfach mal.* Ist das nicht ein schöner Gedanke? Ein Gedanke, der, wird er umgesetzt, das Leben ungemein bereichert. Wir sehen eine Gelegenheit und schon ist der Gedanke da: *Das mach ich jetzt einfach mal.* Wenn wir den Macher-Muskel ein wenig trainieren, tut es am Anfang vielleicht noch ein bisschen weh, aber mit jedem Mal wird er kräftiger und bald sind wir stolz auf unseren schönen neuen Muskel und auf uns, weil wir selbst unser Leben bereichern. Ein jeder von uns hat den Schlüssel zu einem anderen, besseren, neuen Leben selbst in der Hand.

Also: Nie aufhören mit dem Probieren, sondern Neues versuchen, Altes aufgeben, alles ändert sich, also darf auch ich mich ändern, nicht starrsinnig und hartnäckig sein, sondern wendig, spielerisch, das Leben als großen Spielplatz betrachten. Und schon bald, wenn man sich dem Spielen hingibt, stellt sich plötzlich und unverhofft ein *Alles-ist-möglich* – Gefühl ein.

Wenn wir Tag für Tag dasselbe machen, verrinnen unsere Tage, schnell und ohne dass wir sie überhaupt als gelebt empfinden. Durch die ewige Wiederkehr des Bekannten scheint jeder Tag wie der vorherige und jedes Jahr wie das vorherige. Ganz anders wie in Kinderzeiten, als ein Tag noch überlief vor Glück und Erleben. Ein Sommertag voller Staunen, manchmal war er so lang wie heute ein Jahr. Und jetzt? Natürlich ist das Staunen schwieriger geworden, wir meinen, alles zu kennen. Doch das liegt auch daran, dass wir uns in Gewohnheiten geflüchtet haben und nichts Neues ins Leben holen. Die Folge: Die Jahre fliegen dahin, und wir versuchen mit Anti-Falten-Cremes dagegen zu halten. Anti-Aging wäre doch so leicht: Holen wir uns unsere persönliche Lebensverlängerung ins Haus. Dafür müssen wir das Haus aber auch wieder mal verlassen und neugierig sein. Raus gehen auf die Straße, in die Natur, zu Veranstaltungen, unter Menschen, uns für sie interessieren. Neues lernen oder einfach ausprobieren. Immer und immer wieder. So lange, bis es ganz normal geworden ist, systematisch Dinge auszuprobieren.

Den größten Effekt freilich hat es, wenn neue Menschen ins Leben treten. Sich trauen, auf Unbekannte zuzugehen, die Angst überwinden, sie anzusprechen und kennenzulernen, erweitert das eigene Dasein und wirbelt das beschauliche Leben gehörig auf. Sich den anderen zu öffnen, lässt sich wunderbar umsetzen, immer und überall. An der Bushaltestelle ein paar Worte wechseln, den Nachbarn einmal nicht ignorieren, sondern ihn grüßen und in ein Gespräch verwickeln. Wenn Sie über 20 Jahre alt sind, dann sehen Sie ja die vielen Menschen in den Straßen noch (Jüngere bemerken ihre Umgebung nur, wenn der Akku des Smartphones leer ist), und wenn man einen Menschen sieht, dann kann man ihn auch anlächeln oder ansprechen.

Oft bekommt man im Gespräch neue Gedanken und Ideen präsentiert, erhält einen Einblick auf die Sicht der Dinge aus anderer Perspektive, erhält einen Impuls für ein neues Hobby oder eine neue Geschäftsidee. Vielleicht ergibt sich eine neue Freundschaft oder man verliebt sich. Nichts muss, aber alles kann passieren. Aber nur, wenn wir in Kontakt treten. Wer in seinen vier Wänden sitzt und die Welt nur durch ein Rechteck betrachtet (Fernsehen, Computer, Smartphone), der sammelt vielleicht hunderte virtuelle „Freunde", kommt jedoch mit dem echten Leben, mit echten Menschen nicht in Kontakt. Virtuelle Welten können eine Umarmung, einen Kuss, einen langen Blick in die Augen einer Person nie ersetzen.

Aber wie kommt man in Kontakt mit neuen Situationen, Orten und Wegen? Indem man „Ja gern!" ruft. Immer wieder bietet uns das Leben Gelegenheiten, aus dem ewig gleichen Trott auszubrechen und oft lehnen wir diese Chancen ab, ja wir erkennen sie nicht einmal. Beispiel: Sie bekommen eine Geburtstagseinladung einer Freundin, sagen aber aus einem falschen Grund ihre Teilnahme ab, bloß, weil sie keinen der Gäste kennen. Sie fühlen sich eben nicht wohl im Kreise von Unbekannten. Damit freilich nehmen Sie sich die Möglichkeit, aus diesen Unbekannten Bekannte zu machen, die sich möglicherweise sogar als Freunde, Geliebte, Partner eignen würden. Stattdessen schmoren Sie zuhause im eigenen Saft, ärgern sich über sich selbst und haben Ihrer

Freundin gegenüber ein schlechtes Gewissen, weil Sie sie angelogen haben. Aber jetzt wissen wir es: Beim nächsten Mal lautet die reflexartige Antwort (bitte üben): „Ja gern! Klar komme ich!"

Kurz gesagt: Gelegenheiten nützen. *Ja gern!*

# TEIL 5
# Die Macht des Handelns

„Das Leben schrumpft oder dehnt sich aus,
proportional zum eigenen Mut."

Anaïs Nin

# Angst und Mut

Ängste schmälern unser Leben. Je mehr Ängste bestehen, desto mehr schränkt sich unser Lebensradius ein. Viele Menschen bauen sich ihr eigenes Gefängnis und verbringen ihr Leben darin. Gleichzeitig sehnen sie sich nach Freiheit, ohne aber zu wissen, wie sie diese erlangen können. Viele gestehen es sich nicht ein, Ängste zu haben, geben aber zu, sich „natürlich" Sorgen zu machen, denn das tut ja wohl ein jeder, mehr oder weniger. Sorgen sind jedoch nichts anders als Ängste, wir gestehen sie uns jedoch zu, denn wer sich (um andere) sorgt, der gilt als mitfühlend und verantwortungsvoll.

Angst macht uns klein. Dabei spielt es keine Rolle, welche Ängste im Spiel sind. Es kann sich um eine konkrete Angst handeln, wie etwa vor Vorträgen (Lampenfieber), Krankheiten, Aufzügen, Höhe, Spinnen, Lärm, Hunde, oder um generelle Ängste wie soziale Ängste (starke Schüchternheit etc.) oder generalisierte Angststörungen oder um Phobien oder Panikattacken.

Meist ist die Angst vor einer Situation viel schlimmer als die reale Situation selbst, wenn sich die Angst also tatsächlich verwirklicht hat. Denn die Angst ist schon von der zeitlichen Perspektive her ein Ungetüm. Fürchten wir uns etwa ein Leben lang, bestohlen zu werden, dann muss man sagen: Lieber mal wirklich beklaut werden, als sich ein Leben lang davor zu fürchten. Das trifft auf viele Ängste zu: Lieber einmal wirklich scheitern, als sich ein Leben lang vor dem Scheitern zu fürchten. Besser sich wirklich einmal blamieren, statt sich ewig davor zu fürchten. Besser einmal richtig zittern, als ein Leben lang halb.

Denn, und das ist das wirklich Perfide an der Angst, wenn wir uns nur lang genug vor etwas fürchten, entwickelt sich eine Angst vor der Angst. Ganz schön heimtückisch, unsere Psyche. Wenn ich zum Beispiel eine Panikattacke habe, löst das im Augenblick der Attacke eine heftige Angst aus. Und danach? Die Attacke ist Vergangenheit, aber die Angst, die wir im Augenblick der Attacke empfunden haben, die speichern wir. Die Folge: Wir entwickeln eine Heidenangst vor dieser Angst, also vor der nächsten Panikattacke; Angst vor der Angst, eine Gemeinheit, also wirklich. Da muss man doch etwas dagegen tun können, oder nicht?

Milliarden Worte zum Thema Angst und wie man sie überwinden könnte, sind bereits geschrieben worden. Doch Papier ist geduldig. Lesen und umsetzen sind zwei völlig verschiedene Paar Schuhe. Meiner Erfahrung nach gibt es lediglich einen Weg, um frei von seinen Ängsten zu werden, nämlich sich ihnen zu stellen. Ihnen davonzulaufen, das klappt nicht, sie holen dich ein. Situationen zu meiden, die Angst machen (könnten), vergrößert die Angst nur. Die Angst zu leugnen bringt ebenfalls nichts, denn sie wird sich zeigen, wenn der Moment der Wahrheit kommt. Sie zu bekämpfen bringt schon gar nichts. Wogegen man sich wehrt, was man ablehnt, das bleibt bestehen und verfestigt sich.

Besser ist es, die Angst zu akzeptieren als Teil seiner selbst. Man muss sie nicht gutheißen, wenn man sie hasst, man muss nicht versuchen sie zu lieben, aber ablehnen hilft auch nicht. Vorschlag: Man kann sie wie ein kleines Kind an die Hand nehmen und ihr sagen: „Meine kleine Angst, du bist da, ich sehe dich. Das ist in Ordnung, aber ich lasse mich von dir nicht länger einschränken. Ich mache das jetzt, und zwar *mit* dir. Da müssen wir jetzt durch, ob du willst oder nicht." Oder, wenn Ihnen das zu mädchenhaft vorkommt, können Sie sagen: „Okay. Du bist da. Ist halt so. Aber ich mache das jetzt, ob es dir gefällt oder nicht."

Und dann tut man, was man gern tun würde, aber sich bisher wegen seiner Angst nicht getraut hat. Es kommt weniger drauf an, ob die Erfahrung dann eine gute wird oder nicht, aber dass man es gewagt hat, das macht uns für die Zukunft mutiger und vor allem freier.

Kein Mensch hat *nur* Angst. Er hat *auch* Angst. Auch wenn einem die Knochen schlottern, besitzt man doch auch Mut im Herzen, selbst wenn dieser Mut sich oft gut vor einem versteckt und erst nach und nach freigeschaufelt wird: durch mutiges Handeln *trotz* Angst.

Für besonders Mutige und solche, die es noch werden wollen, hier ein Vorschlag: Werden Sie zum Angstjäger. Laufen Sie Ihren Ängsten nicht davon, sondern ihnen hinterher. Stellen Sie sich, tun Sie jeden Tag etwas, wovor Sie sonst Angst hätten. Freilich kann dieser Weg steinig sein. Sie werden heulen wie ein kleines Kind und den Kopf einziehen und sich wünschen, dass sie bloß der Angsthase geblieben wären, zu dem Sie im Laufe des Lebens geworden sind. Doch all das wird nicht umsonst sein. Kleine Dinge werden gelingen, und je öfter sie gelingen, desto größere Brocken werden Sie anfassen. Ihr Mut wird wachsen wie ein Bizeps, der eine Hantel hebt. Wenn Sie Ihren Mut-Muskel dann einige Zeit trainiert haben und die Trainingsdosis weiter steigern, wird es für Sie ganz verständlich werden, alles zu tun und nicht mehr wegzulaufen. Und letztendlich werden Sie, zurückblickend, lächelnd den Kopf schütteln bei der Erinnerung, wie sehr Sie sich viele Jahre lang selbst klein gemacht haben.

Aber Achtung! Leidet man an einer diagnostizierten Angsterkrankung, möglicherweise im Zusammenhang mit einer Depression, sollte man einen Psychotherapeuten oder Psychiater aufsuchen. „Normale" Ängste (die unterhalb der Schwelle zur krankhaften Angststörung liegen) bekommt man selbst durch mutiges Handeln in den Griff, schwere und krankhafte Ängste sollte man dagegen in einer Psychotherapie bearbeiten.

# In persönlichen Kontakt treten

Freiheit von Lebensangst und ein erfülltes Leben erfordern einen weiten Horizont. Je weiter wir unsere Kreise ziehen, je mehr wir uns in der Welt (und nicht nur in unserem Kämmerchen) wohlfühlen, desto freier werden wir. Eine spezielle Form der Erweiterung unserer Kreise ist der persönliche Kontakt mit anderen Menschen. Für die Extrovertierten unter uns ist es meist eine Lust und keine Last, mit Menschen zu sprechen. Für Introvertierte jedoch ist es stets ein Kraftakt, sich selbst zu verlassen und auf andere zuzugehen. Wenn ein Introvertierter dann auch noch schüchtern ist (was leider häufig der Fall ist), dann stellen andere Menschen Hürden dar, die man am liebsten umgeht. Sich einlassen auf andere fällt solchen Menschen besonders schwer. Sie sind häufig zwar gute und treue Freunde, haben gleichzeitig aber nur einen kleinen, mit Bedacht gewählten Freundeskreis. Rückzug ist ihr Wesen, Stille und Alleinsein ihre Freude. Doch, wie könnte es anders sein, sehnen auch sie sich nach sozialen Kontakten, würden gerne mit anderen sprechen können, malen sich vielerlei aus, was und wann und wie. Dieser Rückzug auf sich selbst muss zwar nicht einsam machen (Introvertierte sind in der Regel gerne allein), doch er beschränkt den Lebensradius beträchtlich. Viele wünschen sich sehnlich, auf jede beliebige Person zugehen zu können, ganz unbefangen ein Gespräch zu beginnen und in Beziehung zu treten. Doch allein der Gedanke daran verursacht Stress. Und so kommt es, dass es oft beim Gedanken bleibt und keinerlei Versuche unternommen werden, in Kontakt zu treten.

Angst lebt von Vermeidung, und wenn wir den Kontakt mit anderen Menschen nicht länger meiden, schwindet die Kontakt-Angst mehr und mehr. Wir werden mit jeder Überwindung freier, selbstbewusster und lebendiger. Handeln trotz Angst. Auf jemand zugehen trotz Angst. Mit jemanden sprechen trotz Angst. Immer wieder. Ein Schritt nach dem anderen. Das ist der Weg der Befreiung.

# Leben im Konjunktiv

„Das wäre ja toll, aber …". „Wenn ich nur könnte, wie ich wollte". „Ich würde schon gerne, aber …". „Wollen tät ich ja, wenn bloß …".

Leben Sie ein Leben im Konjunktiv? Ist Ihr Leben ein einziges „Ja, aber?" Packen Sie Ihre Wünsche stets auf den *Später-einmal-Stapel*, der, wie wir wissen, ein einziger großer *Niemals-Berg* ist, ein Klotz am mentalen Bein, ein schwerer Sack sich selbst versagter Lebenslust.

Oder sind Sie ein *ewig Morgiger*? Packen Sie also Ihre Vorsätze in den Indikativ und schon morgen, ja morgen, fangen Sie ein neues Leben an? Und wann nicht morgen, dann übermorgen, oder zumindest irgendwann? Morgen oder doch sehr bald werden Sie endlich die Reise buchen, von der Sie schon seit Ewigkeiten träumen? Morgen oder doch sehr bald werden Sie gesünder leben, auf Menschen offen zugehen, sich die Freiheiten nehmen, die Ihnen zustehen, endlich den verhassten Job kündigen, Danke sagen zu einem guten Freund, der es schon lange verdient hat …

Die Lösung liegt wieder im Handeln. Probieren wir es doch aus. Handeln wir heute, ohne Wenn und Aber. Sagen wir uns: Jetzt reicht es! Jetzt gehe ich es an. Jetzt beginne ich wirklich zu leben.

Als Nächstes schreiben wir eine Liste von Dingen, die wir nun machen werden. Und im Unterschied zu früher beginnen wir sofort und tatsächlich, diese Punkte umzusetzen.

Unser aufgeschobenes Leben hat ein Ende.

Beginnen wir *jetzt*.

# Vom Sein zum Haben – Handeln als ob

Hätte ich bloß genug Geld, dann wäre ich frei und glücklich. Hätte ich bloß einen guten Job, dann könnte ich sorglos leben. Hätte ich bloß mehr Zeit, dann würde ich endlich all das machen, was ich mir wünsche.

Meist glauben wir, dass, wenn wir ein Ding (mehr Geld, Zeit, Gesundheit) *haben* würden, endlich das *tun* könnten (Urlaub machen, uns um jemanden kümmern, ein Hobby ausüben), das uns erlauben würde, glücklich (frei, zufrieden, sorglos, entspannt) zu *sein*. Wir folgen also dem Muster: Haben-Tun-Sein. Dass uns dieses Muster nur in seltenen Fällen frei und glücklich macht, liegt auf der Hand. Wenn wir stets alles Mögliche brauchen, um etwas tun zu können, das uns in einen erhofften Zustand bringen soll, dann ist das Ergebnis meist abzusehen. Wir werden unendlich lange brauchen, um genug von dem zu haben, von dem wir glauben, es zu brauchen, um endlich ins Tun und dann ins Sein zu kommen. Und oft genug werden wir niemals an diesen Punkt gelangen. Das Leben wird ein einziges Bemühen sein, ein Sichabrackern, um einen bestimmten Punkt zu erreichen. Und wenn wir ihn vielleicht nach Jahren erreichen, schmeckt der Sieg nach Schweiß und Tränen.

Wie wäre es, wenn wir das Muster einfach umdrehen? Also statt Haben-Tun-Sein ein Sein-Tun-Haben machen? Wir beginnen also mit dem Sein. Wir legen für uns zum Beispiel fest: *Ich bin glücklich. Ich bin frei. Ich bin sorglos. Ich bin zufrieden. Ich bin reich genug. Ich bin gesund.* Aus dieser Einstellung heraus handeln wir nun. Wir handeln wie ein Mensch, der glücklich ist. Wir handeln wie ein Mensch, der sich frei fühlt. Wir handeln wie jemand, der sich nicht die ganze Zeit Sorgen macht. Wir handeln so, als müssten wir nicht erst superreich sein, um Dinge zu tun, die uns glücklich machen.

Ein Weg, etwas zu erreichen, ist, so zu tun, als hätte man es bereits erreicht. Wir handeln *so als ob.* Möchten wir angstfrei sein, dann handeln wir so, als wären wir schon mutig. Und dieses Handeln macht uns tatsächlich mutiger. Möchten wir glücklich sein, dann tun wir Dinge, die glückliche Menschen tun, und das Glück kommt uns ein Stück weit entgegen.

„Ja, aber. Wenn das so leicht wäre …" Unsere Einwände gegen diese Methode kommen blitzschnell. Schließlich haben wir es ein Leben lang so gelernt und überhaupt: So tun als ob. So ein Blödsinn. Wenn Sie sagen: „Bei mir funktioniert das sicher nicht!", dann haben Sie natürlich Recht. Bei Ihnen funktioniert das sicher nicht. Und warum? Eben weil die Methode mit dem *Sein* beginnt. Und wenn Sie dieses Sein nicht für sich beschließen, dann können Sie es auch nicht sein.

Für all diejenigen, die keinen Zugang zum Sein finden, die es nicht schaffen, einfach so, also scheinbar grundlos glücklich etc. zu sein, oder wem es verlogen vorkommt, wenn man denken „soll", dass man glücklich etc. ist, der kann ja das Sein einfach weglassen und es gleich mit dem *So-als-ob-Handeln* ausprobieren. Wir handeln so, als ob es uns gutgeht, als ob wir mutig, gelassen und frei wären. Meiner Meinung nach ist das die wichtigste Übung. Handle so, wie du sein möchtest.

## Unangenehmes sofort erledigen

Ein Anruf, den wir am liebsten schon hinter uns hätten, der Gang zum Zahnarzt, zur Darmspiegelung, die Hecke, die längst einen Schnitt bräuchte. Wir alle wissen es: Dinge gehören erledigt. Und dennoch verschieben wir sie. Vor allem die Sachen, die uns unangenehm oder beschwerlich sind, die alles andere auslösen als ein Wohlgefühl. Und doch: Es gibt nur eine Lösung: handeln. Und zwar möglichst rasch, am besten sofort. Ansonsten mühen wir uns mit einem Klotz am Bein oder einem schweren Rucksack um die Schultern durch die Tage. Auch wenn wir uns bemühen, nicht an das zu Erledigende zu denken, es denkt in uns daran. Da können wir gar nichts dagegen tun. Wir wissen ganz einfach um die Angelegenheit.

Starren wir gebannt auf die zu erledigende Aufgabe und handeln wir nicht oder versuchen wir sie zu verdrängen, indem wir uns einreden, dass wir das auch später (irgendwann einmal) erledigen können, so macht uns dies kleiner. Nicht zu handeln, nimmt uns einen Teil von uns, der wir sein könnten. Es engt unseren Radius ein und auch unsere Selbstachtung.

Die Lösung ist einfach, wir kennen sie alle: das Unangenehme als Erstes erledigen. Der Griff zum Telefon, der Gang zum Arzt, die Heckenschere aus der Hütte holen.

Und los geht es.

Ist die Arbeit erledigt, sehr gut.
Liegt der Termin hinter uns, gut gemacht.
Unser Selbstvertrauen meldet sich zurück, wir sind gewachsen, dürfen zufrieden mit uns sein.

Haben wir eine unangenehme Aussprache hinter uns gebracht, stellt sich Erleichterung vielleicht nicht sofort ein. Die zwanghaften Denker werden noch eine Weile das Erlebte im Kopf hin- und herschieben. Wir werden die Worte und das Gehörte wiederholen, nochmals Emotionen spüren, die ganze Angelegenheit im Kopf vielleicht sogar weiter hochschaukeln. Stecken Emotionen mit im Spiel, lässt sich das Denken nicht so ohne weiteres ausschalten. In diesem Fall ist es ein gutes Mittel, sich ganz bewusst noch eine begrenzte Zeit (zum Beispiel eine halbe Stunde) zu gestatten, richtig auf dieser Sache mental herumzureiten. Danach aber Schluss damit. Wir dürfen die Sache fallenlassen, durchatmen und uns dafür gratulieren, die Angelegenheit hinter uns gebracht zu haben. Vielleicht überraschen wir uns selbst mit einer Belohnung.

# Hilf anderen und dir

Üblicherweise kreist der Großteil unserer Gedanken um uns selbst. Wir selbst sind unser Zentrum, um das sich alles dreht. Unsere Wünsche, Ängste, Hoffnungen, Freuden und Leiden beziehen sich meistens auf uns selbst und das, was uns wichtig ist. Wenn wir in unser mentales Dasein auch andere einbeziehen, unsere Familie und Freunde, erweitert sich unser Kosmos bereits beträchtlich. Dennoch ist die Sorge, die wir uns etwa um unsere Kinder machen, eine alltägliche und sie wird zur Erweiterung unseres eigenen Selbst. Wieder kreisen wir in den ewig gleichen Gedanken, die sich mit unserer kleinen Welt beschäftigt.

Wir können aber diese Selbstbezogenheit aufgeben oder zumindest aufweichen, wenn wir uns mit uns fremden Menschen beschäftigen. Wenn wir an andere denken und ihnen helfen. Täglich sehen wir in den Medien das Leid der Mitmenschen. „Tragisch, wie viele Kinder verhungern", denken wir und gehen fünf Minuten später zum Kühlschrank, um ja kein Hungergefühl zu bekommen. „Schlimm", denken wir, wenn ein Flüchtlingskind tot im Mittelmeer treibt. Dass wir vielleicht selbst einer Flüchtlingsfamilie in irgendeiner Weise helfen könnten, darauf kommen wir nicht. „Das will ich nicht sehen", denken wir, wenn im Fernsehen eine Dokumentation über eine besonders grausame Tierhaltung läuft, schließlich soll mir der Gusto auf ein Kalbsschnitzel nicht vergehen (dass man hierbei ein Tier-Kind isst, daran denken wir nicht, sonst könnte es weniger gut schmecken).

Aber es geht auch anders. Wir müssen es nicht bei bloßen Gedanken belassen, wir können anderen Lebewesen *tatsächlich* helfen. Manche haben dies bereits in die Tat umgesetzt, sie engagieren sich für ein Projekt, helfen ganz konkret, essen kein Fleisch mehr oder beschränken sich auf Bio-Fleisch von „glücklichen" Tieren. Viele, sehr viele aber treten nicht aus ihrem kleinen Lebenskreis und handeln nicht. Und wieder nicht. Und wieder nicht.

Genau so habe ich selbst viele Jahre gelebt. „Da sollte man doch …, da könnte man …, da muss man was tun." Gedankenspiele, nicht mehr. Eines Tages wurde ich wieder einmal aufgerüttelt. Tausende Menschen, die vor dem Terror/Krieg in ihrer Heimat geflüchtet waren, standen plötzlich an den Bahnhöfen des Landes und über soziale Netzwerke kamen Aufrufe, spontan zu helfen. Und endlich, endlich, endlich habe ich den Hintern hochbekommen, Lebensmittel und Hygieneartikel eingepackt und bin zum Bahnhof gefahren. Und dort, es war kaum zu glauben: Hunderte andere Menschen waren bereits vor Ort, schleppten Mineralflaschen, Obst, Kinderspielsachen, Decken. Eine Karawane der Hilfsbereitschaft hatte sich in Bewegung gesetzt und ich durfte Teil davon sein. Ein völlig unerwartetes Glücksgefühl durchfloss mich, Glück, das mehrere Tage anhielt, Glück, hier Menschlichkeit zu erleben und mitmachen zu dürfen. So befreit von den alltäglichen Lächerlichkeiten hatte ich mich schon lange nicht gefühlt. Ein Rausch, für den man nichts trinken muss. Wer anderen hilft, hilft sich dabei auch selbst. Helfen befreit.

# TEIL 6
# Raus mit allen Belastungen

# Es reicht!

Ja genau, es ist wieder einer dieser Tage. Ein Tag, an dem man hätte gar nicht aufstehen sollen. Alles ist genau so, wie man es nicht leiden kann. Der Wecker läutet viel zu früh und reißt dich aus einem Traum, der sich leider als solcher entpuppt (danke, Wecker!). Es regnet, alles tut dir weh, im Auto ist es schweinekalt, es staut, im Radio spielen sie unerträglich lustige Musik, der Moderator macht auf gute Laune und verwechselt seine Hörer mit den Teilnehmern eines Kindergeburtstags. Die anderen Autofahrer sind sowieso das Letzte. Rücksichtslose Ignoranten. Genauso im Job. Alles Egoisten, alle wollen was von dir, schauen dich blöd an, fordern, wollen, verlangen und sowieso ist man wieder der Depp vom Dienst. Während alle anderen eine ruhige Kugel schieben und sich um nichts kümmern, versucht man selbst das Beste für diesen Saftladen herauszuholen.

Zuhause der gleiche Mist. „Ich will, ich mag. Gib mir, ich brauche Geld … .“ Der Partner meckert an dir herum, weil du so ein Gesicht ziehst, als wolltest du gleich jemand fressen (und das stimmt haargenau), im Fernsehen laufen nur Serien für geistig Minderbemittelte (und für so etwas bezahlt man auch noch Gebühren!). Es wird dunkel, wenigstens ist der Tag gleich um. Der Tag, an dem man im Bett hätte bleiben sollen. Und auf alles pfeifen? *Genau.* Geht nicht? *Geht doch.* Darf man nicht? Man vielleicht nicht, du schon. An solch einem Tag, an dem du schon in der Früh weißt, dass ihr keine Freunde werdet, der Tag und du, da pfeif drauf und erlaube dir mal, gar nichts zu tun oder noch besser: etwas so richtig Schönes, was dir so richtig guttut. Echt jetzt? *Echt jetzt.*

An solchen Tagen, an denen wir an den Rand dessen kommen, was uns zumutbar erscheint, ist „die Welt“ natürlich nicht anders, als sie immer ist. Es liegt an uns, dass wir alles negativ sehen und vor allem so empfinden und sie also als schlecht erleben. Wenn wir so einen schlechten Tag haben, ist es oft hilfreich, laut zu sagen: „Es reicht! Aber wirklich. Schluss jetzt!“ Und dann klinken wir uns aus. Schluss mit Arbeit, Schluss mit allem, was uns stresst, und nur mehr genau das machen, was uns im Augenblick so richtig guttut.

Die Lösung, dass man an solchen Tagen einfach mal aussteigt, blaumacht, sich zurückzieht oder einfach etwas ganz anderes macht, ist dann brauchbar, wenn solche Tage, an denen man „es reicht!“ rufen möchte, nur hin und wieder auftreten. Werden Sie jedoch häufiger oder gar zur Regel, dann braucht es klarerweise eine andere Strategie. Dann muss man sich seinen Problemen stellen und sich sehr genau ansehen, was einen in den Wahnsinn treibt und wie man die Probleme lösen kann. Eine Veränderung unserer Einstellung zu den Menschen und den Dingen um uns und/oder eine Änderung unserer Lebenssituation wird dann vielleicht nötig sein.

## Raus mit allen Belastungen

Wir alle tragen unsere Lasten, haben einen unsichtbaren Rucksack geschultert. Die einen tragen ihr Gepäck mit Leichtigkeit, denn es ist leicht, nur das Nötigste befindet sich in ihm. Andere dagegen gehen angesichts ihres prall gefüllten und überdimensionierten Marschgepäcks früher oder später in die Knie, brechen zusammen. Erst dann erkennen sie, dass sich etwas ändern muss, dass es so nicht weitergeht.

Was tun, wenn wir unter der Last des Lebens stöhnen, wenn uns der Rucksack zu schwer wird? Genau. Weg mit den Lasten! Ballast abwerfen. Wir sind nicht für alles und jeden verantwortlich. Warum sollten wir die Lasten anderer schultern? Warum nehmen wir die Verantwortung stets auf uns? Weg damit.

Ebenso wichtig: Gefühle rauslassen: Wenn wir uns über etwas oder jemanden ärgern, wenn wir wütend sind, der Groll in uns wallt, dann schleppen wir jede Menge mieser Gefühle mit uns herum. Was hilft? Den Gefühlen Ausdruck verleihen. Sie nicht schlucken. Nichts mit uns rumschleppen. Sagen, was ist. Und zwar sehr bald und nicht irgendwann. Oder, wenn uns das möglich ist: verzeihen, ehrlich verzeihen. Wenn uns das nicht gelingt, die Gefühle rauslassen. Sonst leiden wir unter ihnen, und nur *wir* leiden, nicht der, auf den wir sauer sind.

Tun, was uns guttut: Sie stehen unter Druck, schuften immer für andere und fühlen sich ausgenützt? Da hilft nur eins: Tun Sie, was *Ihnen* guttut. Nur *Sie* zählen jetzt. Und basta.

Klare Ansagen: Sie fühlen sich ständig gedrängt, etwas zu tun, das Sie eigentlich nicht möchten? Sie wissen, dass Sie das im Grunde nur für andere tun? Dann stellen Sie das klar. „Ich mache das jetzt nicht mehr!" Wenn es angebracht ist, können Sie den Grund dafür nennen. Oder auch nicht. Stellen Sie es nicht nur vage in Aussicht. Machen Sie eine klare Ansage! Wollen Sie zum Beispiel einen Termin, eine Feierlichkeit, ein Treffen etc. nicht wahrnehmen? Dann sagen Sie das. Klar und auch rechtzeitig. „Sorry, geht leider nicht." Sagen Sie *Nein* und damit *Ja* zu sich.

# Raus mit dem Krempel

Quellen Ihre Schränke über? Die Abstellkammer, der Keller, der Dachboden? Worüber stolpern Sie, wenn Sie in der Rumpelkammer Ihrer Vergangenheit herumgehen? Eine alte Gitarre mit abgerissenen Saiten? Berge von Klamotten, die bereits dreimal retromäßig wieder stark angesagt waren und dennoch nicht angerührt wurden? Alte Zeitschriften, die Sie sich vor vielen Jahren beiseitegelegt haben, um sie einmal in Ruhe zu lesen? Bücher, deren veraltetes Schriftbild diese bereits zu Antiquitäten machten? Schallplatten, deren Kratzgeräusche die Musik nur mehr erahnen lassen? Sie würden sich diese Musik nicht mehr im Traum anhören, aber immerhin hat sie Ihnen einmal etwas bedeutet, darum haben diese Tonträger ein ewiges Bleiberecht in den verstaubten Ecken Ihres Dachbodens?

Melancholie kann ja etwas Schönes sein, aber bitte: Geben Sie ihr nicht übermäßig Platz, sonst erstickt Sie die Gegenwart. Wenn nicht mal die Motten Ihr altes Zeugs mehr mögen, warum heben Sie es auf? Weil Sie daran hängen? Woran, an Ihrer Vergangenheit?

Machen Sie also Platz für Neues und weg mit dem Krempel. Wenn Sie das nicht übers Herz bringen (was ich gut verstehe), dann sichern Sie sich die allerliebsten Stücke und schmeißen den großen Rest weg oder vielleicht finden Sie auf einem Flohmarkt andere Nichtswegwerfenkönner, die Ihnen die Sachen abnehmen.

Sie sagen, jetzt, wo Sie sich an diese Sachen erinnern, werden Sie die Bücher sicherlich bald lesen, die alten Musikkassetten doch noch anhören (wenn Sie den alten Kassettenrekorder entstaubt haben), die alten Kleider doch noch mal anprobieren? Blödsinn. Werden Sie nicht. Also weg damit!

Bevor Sie weiterlesen, los, ans Werk. Tu! Es! Jetzt!

Sie haben es wirklich getan? Haben sich vorgewagt in die Halden Ihrer Vergangenheit? Ihre Bemühungen in Ehren, aber seien Sie ehrlich. Wie viel haben Sie geschafft? Ein paar Bücher von Tausend? Drei uralte Pullis von Hundert? Sieben Zeitschriften aus einem verstaubten Stapel, der so hoch ist, dass er umzufallen droht. Eine LP von Modern Talking (Sie hatten so etwas wirklich??), die guten Platten jedoch rühren Sie nicht an?

Dachte ich es mir doch.

Also: Nochmals an Werk. Dieses Mal aber bitte mutiger! Es wird nicht wehtun, etwas nicht lesen zu können, das man ohnehin nie lesen würde. Auch die Jeans, in die Sie sich als Sechzehnjährige gezwängt haben, weg damit, sie wird Ihnen nie wieder passen (sorry). Gehen Sie ans Eingemachte und werden Sie großzügig. Auch im Lassen. Lassen Sie den alten Krempel sein und werfen Sie ihn weg. Es kann wehtun, ein bisschen vielleicht, aber wenn Sie sich überwinden, wie toll sieht dann alles wieder aus! Wie leicht man sich fühlt! Richtig gut. Sie werden es gleich selbst fühlen, wenn Sie jetzt anpacken.

Sie schaffen das? Gut. Wenn nicht, gibt es noch eine andere Methode, sich und seine Wohnung zu entlasten: Sie trennen sich nur von einem einzigen Gegenstand. Oder räumen eine einzige Lade aus. Oder werfen einen einzigen Stapel alter Papiere weg. Das schafft auch der faulste Wegwerfer. Also los.

Der Haken?

Morgen machen Sie das auch.

Und übermorgen.

Und überübermorgen.

So lange, bis sie sich daran gewöhnt haben und sich so richtig gut dabei fühlen, immer leichter zu werden, und bis Sie wieder – oh Wunder – in einer richtig geräumigen Wohnung residieren.

## Raus mit alten Wunschbildern

Sie wollten einmal Pilot werden? Oder Sportler, Schauspieler, Prinzessin? Unglaublich reich, die Welt retten oder … was war es bei Ihnen? Irgendeinen Wunsch hatten Sie sicher oder ein Bild von sich, eine Vorstellung, wie Ihr Leben einmal aussehen sollte. Wir alle haften an unseren alten Wunschbildern, bewusst oder unbewusst, und messen an ihrer Realisierung unseren Erfolg im Leben. Natürlich ändern sich die Wunschbilder im Laufe der Zeit, bei manchen mehr, bei anderen weniger. Ihre Erschaffung kann zwar Jahrzehnte zurückliegen, doch das heißt nicht, dass sie keinen Einfluss mehr haben. Hindern sie uns daran, im Heute zu leben und zufrieden mit uns zu sein und mit dem, was wir erreicht haben, kann es hilfreich sein, uns an diese einstigen Bilder von uns selbst zu erinnern.

Am besten gelingt das, wenn wir in alten Tagebüchern und Aufzeichnungen blättern. Wenn man nichts Derartiges findet, heißt das nicht, dass man keine alten Träume mit sich herumschleppt. Sehen Sie sich um in Ihrer Wohnung, Ihrem Haus. Steht da irgendwo ein altes Instrument herum, bedeckt mit Staub, in einem Winkel, nicht gebraucht, aber doch nicht völlig vergessen? Lässt es der Musiker, der Sie einst werden wollten, nicht zu, dass Sie das Ding entsorgen oder verkaufen? Oder ist es eine alte Schreibmaschine, die vor sich hin rostet, Sie sich ihrer aber nicht entledigen können, weil Sie einst Schriftsteller werden wollten?

Sehen Sie sich um, ob Sie nicht irgendein Symbol aus alter Zeit entdecken, welches auf alte Ziele hinweist, und dann laufen Sie der Auseinandersetzung mit diesem Symbol nicht davon, indem Sie es weiter ignorieren, sondern stellen Sie sich: Hat es noch einen großen emotionalen Wert für Sie? Wenn nein, dann dürfen Sie den Gegenstand getrost aus Ihrem Leben entlassen und damit neuen Zielen, Werten, Dingen und Einstellungen Platz machen. Hat es dagegen weiterhin großen Wert, dann wäre es wohl kein Fehler, darüber nachzudenken, wie Sie den alten Wunsch, an die neue Zeit angepasst, realisieren könnten. Sie müssen ja nicht Profi (Musiker, Fußballer …) werden, sondern können die Tätigkeit einfach aus reiner Freude wiederaufnehmen. Wenn Sie dann bemerken, dass sich der alte Traum überlebt hat, dass Sie dabei nichts mehr empfinden, auch gut, Sie können ihn entlassen und sich neuen Dingen zuwenden.

## Geld und Besitz

Geiz ist nicht geil. Geld ist geil. Wenn man es hat. Wenn man es nicht braucht. Wenn genug davon da ist, um sich und den Seinen ein gutes Leben zu finanzieren. Geld zu haben ist gut für uns. Mit Geld kauft man sich nicht nur Sachen und Dienstleistungen, sondern auch Gefühle. Gute Gefühle vornehmlich: Sicherheit, Unabhängigkeit, Freiheit (vom täglichen Knausern, möglicherweise vom täglichen Hamsterrad), die Möglichkeit, großzügig zu sein, es auszugeben oder zu spenden.

Freiheit im Sinne von finanzieller Unabhängigkeit und eigenständiger Lebensplanung lässt sich mit wirklich viel Geld natürlich wesentlich leichter erringen als mit einem durchschnittlichen Einkommen. Doch selbst wenn man viel Geld hat, sollte man es nicht unbedingt in Prestigeobjekte investieren. Die Anschaffung von Besitz und immer mehr davon sollte gut überlegt sein. Selbst wenn ich es mir leisten könnte, würde mein Motto lauten: Wenig besitzen, viel benützen. Denn daraus folgt: viel Spaß, wenig Verpflichtungen. Das berühmte Haus am Meer zum Beispiel. Viele von uns träumen davon. Die wenigen, die den Traum umgesetzt haben, sehen oft die realen Konsequenzen: Bürokratie, Aufwand, Pflege, Instandhaltung, Ärger und hohe Kosten. Das gilt auch für Boote und ähnlichen Luxus. Die Lösung: mieten statt kaufen. Der teuerste Urlaub ist ein Schnäppchen gegen die Kosten und vor allem den Aufwand, wenn ich mein Geld in eine Immobilie oder ein eigenes Boot stecke. Und vor allem: Die Freiheit geht flöten.

Zurück zu uns und der Realität. Wir haben wahrscheinlich nicht das nötige Kleingeld für derartige Späße, auch recht. Denn wir brauchen keinen Haufen Geld, um gut leben zu können. Was ist schon nötig? Wie groß muss eine Wohnung, ein Haus sein? Wie teuer ein Auto? Wollen wir doppelt so viel arbeiten, nur damit der fahrbare Untersatz *Made in Germany* ist? Wenn wir das nötige Kleingeld dafür haben und uns die Sache *wirklich* Spaß macht, gut, nur zu, schaffen wir sie an, aber um wie viel freier fühlen wir uns, wenn wir etwas nicht brauchen und unser Geld in Annehmlichkeiten stecken, die uns den Augenblick genießen lassen, ohne uns langfristig zu binden.

Geld haben ist geil und Schulden sind das Gegenteil. Mein Rat: sich bloß keinen großen und langfristigen Kredit aufhalsen. Schulden nehmen uns die persönliche Freiheit. Schulden sind ein Mühlstein um den Hals, an dem nur die Banken verdienen. Als Kreditnehmer wird einem die Luft zum Atmen genommen, man wird oft Jahrzehnte lang versklavt, ist fortan langfristig verpflichtet, eine Menge Geld zu erwerben, um die Schulden abbezahlen zu können. Schulden, die sich ungemein erhöhen können. Man bezahlt Zinsen, die Banken halten zudem in Form von allen möglichen Gebühren die Hände auf, und wer sich einen Fremdwährungskredit hat aufschwatzen lassen, der hat am Ende der Laufzeit des Kredites vielleicht sogar *mehr* Schulden als zu Beginn. Also: Möchten Sie frei über Ihren Lebensstil verfügen können: Finger weg vor hohen und langfristigen Krediten.

## Raus mit den ewig gleichen Vorsätzen

Sind Sie ein Mensch, der immer wieder die gleichen Vorsätze fasst und sie dennoch nie in die Tat umsetzt? Hier sind nicht nur die üblichen Neujahrsvorsätze gemeint, wie das Rauchen aufzugeben, abzunehmen und gesünder zu leben, sondern Ihre ganz persönliche Vision von sich, wie Sie denn gerne wären, es aber bisher noch nicht geschafft haben, so zu sein. Also reich, berühmt, schön, redegewandt, stilsicher, beliebt, souverän, charismatisch, ein Casanova, eine Frau, die magisch die Blicke anzieht … Falls Sie regelmäßige und langjährige Aufzeichnungen über Ihr Leben führen, lassen sich diese immer gleichen Vorsätze rasch finden. Sie werden diese Vorsätze vermutlich schon vor zehn Jahren so oder ähnlich gefasst haben, wie sie auch heute existieren.

Indem Sie dieses Idealbild von sich ständig (bewusst oder unbewusst) mit sich herumschleppen, tun Sie sich damit nichts Gutes. Denn Sie vergleichen Ihr reales Ich mit Ihrem Wunsch-Ich und dabei können Sie nur verlieren. Nicht nur der Vergleich mit anderen, vornehmlich erfolgreicheren Menschen macht unglücklich, sondern auch der Vergleich mit dem Traum-Ich. Denn dadurch sagen Sie nichts weiter aus, als dass Sie nicht gut genug sind. Sie sehen sich als Mängelexemplar Ihres eigenen (erträumten) Ichs.

Was bleibt zu tun? Handeln oder dem Wunsch-Ich Adieu sagen. Entweder geben Sie sich selbst einen Tritt in den Allerwertesten und setzen endlich Taten, die Sie Ihrem Ziel näherbringen, und bleiben dann konsequent auf Kurs (was angesichts der Tatsache, dass Sie das bereits viele Jahre lang nicht geschafft haben, nicht in übertriebenem Ausmaß wahrscheinlich scheint), oder Sie streichen Ihre alten Idealbilder und befreien sich von diesem Ballast. Dann sind Sie eben wie Sie sind, und basta.

# Raus mit falschen Freunden

*Wer solche Freunde hat, der braucht keine Feinde.* Wir kennen den Spruch. Ebenso wie diesen: *Verwandte kann man sich nicht aussuchen, Freunde schon.* Und dennoch tun sich viele von uns schwer, Menschen, die man einmal als Freunde betrachtet hat, den Laufpass zu geben. Oft führen wir ehemalige Freunde, die wir schon seit Jahren weder gesehen noch gehört haben, in Adressverzeichnissen, Telefon- und Mailinglisten und sind nicht in der Lage, diese zu löschen, frei nach dem Motto: Lieber unsichtbare Freunde als gar keine.

Noch schlimmer ist die Unfähigkeit, sich von ehemals vermeintlichen Freunden, die sich als falsch und hinterhältig entpuppt haben, offen und klar zu distanzieren und zu trennen. Mit Freundschaften verhält es sich nicht unähnlich wie mit Partnerschaften. Die Nähe bringt den Konflikt. Und hier wie dort besteht die Gefahr, dass man meint, den anderen beurteilen und richten zu dürfen. Dass man dabei oft lediglich die eigenen negativen Gedanken auf sein Gegenüber projiziert, wird so gut wie nie erkannt. Denkt also jemand schlecht über Sie, sind dies häufig dessen eigene schlechten Gedanken, die er auf Sie überträgt. Diese Gedanken haben in Wahrheit oft nichts mit der Realität und schon gar nichts mit Ihnen zu tun. Haben Sie es also mit Menschen zu tun, die Ihnen nicht guttun, die Sie nur runterziehen, die Ihnen ein schlechtes Gefühl geben, sind es „Freunde", die Sie nicht als den Menschen, der Sie sind, voll und ganz akzeptieren, dann hilft nur eins: Erleichtern Sie sich und geben Sie ihr oder ihm den Laufpass. Das Leben ist zu kurz, um sich mit den falschen Leuten abzugeben.

Leider verabschieden sich auch manchmal Menschen von uns, die wir für wirkliche Freunde gehalten haben. Manch einer stirbt vielleicht, andere ziehen weit weg, selten auch kündigt einem ein Freund die Freundschaft. Das passiert und das schmerzt. Man muss loslassen. Man dreht sich um und geht. Und trauert. Eine Weile. Oder ist wütend. Eine Weile. Und dann versucht man es wieder mit Loslassen. Anderes bleibt uns nicht übrig. Wir lassen einen geliebten Menschen gehen, auch wenn wir das gar nicht wollen.

Liebe Menschen, die sich freiwillig verabschieden, auf die können wir wütend sein, oder wir tragen sie weiterhin im Herzen, auch wenn wir sie loslassen. Letzteres ist wohl der bessere Weg: wohlwollend schauen auf das, was war, dankbar für Vergangenes. Ein jeder Mensch hat seine Gründe für sein Tun, wir müssen und können diese nicht immer verstehen. Daher: wohlwollendes Loslassen. Immer wieder. Bis es klappt. Tröstlich ist auch das Wissen: Manche Freunde gehen. Dafür kommen neue. Leben ist Veränderung.

## Raus mit übertriebenen Erwartungen an sich selbst

Man sollte sein Leben nicht damit verschwenden, Erwartungen zu erfüllen. Schon gar nicht die eigenen. Wir erwarten etwas von uns? Jede Menge. Oft viel zu viel. Wir zimmern uns im Laufe unseres Lebens ein Bild von uns, bauschen es immer mehr auf, beginnen es zu idealisieren, bringen uns damit unter Druck, stressen uns, machen uns ein schlechtes Gewissen, geben uns Mühe, können nicht einhalten, was wir von uns fordern, geben uns noch mehr Mühe. Ob wir unsere Erwartungen erfüllen können, ist letztlich nicht entscheidend, wichtiger ist es, zu erkennen, dass wir uns mit zu hohen oder sinnlosen Erwartungen unter Druck setzen und unser Leben damit schwer und freudlos machen.

Erwartungen treiben uns zudem immer in die gleiche einmal eingeschlagene Richtung voran. Wir gleichen einer Dampflok, die unbedingt den höchstgelegenen Bahnhof ansteuern muss. Rauch steigt auf, es qualmt und rattert, wir geben volle Kraft, und wie beschwerlich der Weg auch sein mag, wir hinterfragen unser Ziel nicht. Selbst wenn nichts mehr geht, wenn alles zum Stillstand kommt, versuchen wir mit letzter Kraft im Vorwärtsgang zu bleiben. Links und rechts zu schauen wagen wir nicht, das Gleis ist der Weg und diesen müssen wir ja gehen. Oder nicht?

Bevor wir uns das Leben schwermachen, warum uns also nicht fragen: Mit welche Erwartungen laufen wir durchs Leben? Woher stammen diese Vorgaben eigentlich? Haben wir sie von den Eltern übernommen? Oder von „erfolgreichen" Menschen, vermittelt durch die Medien? Stehen wir dazu? Entsprechen sie (noch) unseren Werten und, am wichtigsten: Wollen wir das wirklich? Auch heute noch? Denn Erwartungen sind dazu da, um hinterfragt zu werden, auch und vor allem die eigenen. Denn die nehmen wir sehr ernst, schließlich stammen sie ja (scheinbar) von uns selbst und „müssen“ folglich sinnvoll sein. Warum durchforsten wir also nicht unseren Erwartungsdschungel und forsten kräftig auf? Was gibt es Schöneres, als uns auferlegte Last abzuschütteln und selbst erschaffenem Druck einen kräftigen Tritt zu geben, um sich danach herrlich leicht und frei zu fühlen?

## Raus mit Erwartungen an andere

Ebenso unsinnig sind Erwartungen, die wir anderen Menschen gegenüber hegen: Wenn mein Partner nicht so starrköpfig wäre. Wenn mein Kind nicht so schlampig wäre. Wenn meine Kollegin endlich hilfsbereiter, mein Chef bloß einmal zufrieden mit mir wäre. Wenn mein Nachbar einen Sonntag einmal keine lärmende Grillparty veranstalten würde ... Der Ärger über die Mitmenschen ist oft groß und wir wünschen, diese würden sich endlich so verhalten, wie wir es gerne hätten. Manchmal versuchen wir dann, deren Tun in die von uns gewünschte Richtung zu lenken, indem wir mit mehr oder weniger tauglichen Mitteln auf die Situationen reagieren. So setzen wir zum Beispiel auf Liebesentzug (Partner, Kind), auf Beleidigtsein (Partner, Kind, Chef), auf Drohungen (Partner, Kind, Nachbar, Kollegin) oder auf innere Kündigung (Partner, Chef). Egal, wie unsere Reaktionen ausfallen, in den meisten Fällen führen sie nicht zum Erfolg. Denn: Der Mensch ändert sich nur, wenn er selbst es will (oder für eine begrenzte Zeit, wenn er dazu gezwungen wird). Einfacher ist es, sich selbst zu ändern, als es beim anderen zu versuchen.

Die Strategie der meisten Menschen ist sinnlos: Man ärgert sich über das Verhalten des anderen und wünscht sich, es wäre anders. Der andere bekommt den Ärger oft nicht einmal mit, die negativen Emotionen bleiben in uns, sie fressen sich langsam, aber sicher in uns hinein. Offensivere Menschen rennen vielleicht gegen das Verhalten der anderen an und fordern von ihnen, dieses zu ändern. Das kann fruchten, falls dem anderen sein Verhalten gar nicht bewusst war und er es nun akzeptierend zur Kenntnis nimmt. Ansonsten wird er sein Verhalten kaum ändern, es sei denn, wir haben schlagkräftige Argumente, die ihn dazu zwingen.

Sei es, wie es sei. In vielen Fällen wird sich der andere nicht oder nur kurz gemäß unseren Wünschen verhalten. Der Grund ist ganz einfach: Wir können andere nicht ändern (oder in nur sehr kleinen Dosen). Wenn Ihre Frau gerne senfbraune Leggins trägt, weswegen Sie am liebsten Ihre Augen ausreißen möchten, Sie werden ihre Vorliebe nicht ändern können. Oder wenn Ihr Mann beim Fußball vor dem Fernseher sich, in der Unterhose sitzend, den Bierbauch kratzt, Sie können ihn tausendmal dafür kritisieren, beim nächsten Spiel werden Sie sich wieder die Haare raufen und die Frisur ruinieren.

Das Schlimme ist, auch wenn wir längst wissen, dass sich der andere nicht ändern wird, hoffen wir immer noch darauf, ja, wir erwarten es entgegen aller Logik. Aber: Das wird nicht passieren! Hat Ihr Mann den Hochzeitstag zehnmal vergessen, was wird am nächsten Hochzeitstag passieren? Und worauf hoffen Sie? Oder: Hat Ihre Frau Ihren sexuellen Wünschen seit der Hochzeitsnacht kaum Begeisterung entgegengebracht, was wird beim nächsten Mal geschehen? Und worauf hoffen Sie?

Freiheit erlangt der, der den anderen sein lassen kann, wie er ist, der ihn so annehmen kann, ihn vielleicht sogar so lieben kann.

Wenn man den anderen und sein Verhalten aber nicht erträgt und keinen für beide Seiten akzeptablen Kompromiss findet (senfbraune Leggins nur am ersten Sonntag eines Schaltjahres; in der Unterhose vor dem TV nur zur Sportschau, wenn der eigene Verein im letzten Jahr die Champions League gewonnen hat), dann kann man so weitermachen wie bisher (sich also weiterhin ärgern) oder man zieht Konsequenzen.

In den meisten Fällen betreffen die Erwartungen an andere freilich nicht solche Trivialitäten, sondern durchaus ernste Dinge. Etwa dass sich der Partner endlich für mich als Person interessiert, dass er mit mir ausgeht, dass er mit mir spricht, richtig spricht, dass er zärtlicher ist, dass er in der Öffentlichkeit zu mir steht. Berühren Erwartungen derart wichtige Lebensbereiche und sind sie uns so wichtig, dass wir so nicht weitermachen möchten, dann muss man diese Dinge ansprechen und lösen oder anderenfalls Konsequenzen ziehen.

In allen anderen (eher nebensächlichen) Dingen, bei Eigenschaften und Verhaltensweisen, die wir beim anderen zwar gerne hätten, diese aber eben nicht seinem Temperament oder seiner Natur entsprechen, sollten wir die Erwartung, dass er sich doch noch ändern möge, möglichst fallen lassen.

## Und aus!

Man erinnere sich: an die Tage der Kindheit. Wer heute in den „besten Jahren" ist, nehmen wir ein Alter an zwischen 40 und 60, und man fragt ihn, wie es denn gewesen sei, damals, der erhält Bilder von Zeiten, die heute nicht mehr existent sind. Man erinnere sich, wie es war. Stand im Wohnzimmer schon ein Fernsehgerät, klobig mit Röhren im wuchtigen Gehäuse? Oder musste man zum Nachbarn gehen, um sich die Nachrichten anzusehen, in Schwarz-Weiß? Man erinnere sich. An das Bild vom weißen Rauschen, an das Testbild, an das Schlechtwetterprogramm in den Sommerferien, an den Sendeschluss, an die zwei Fernsehkanäle, an die Zeit, in der das Wort „zappen" noch nicht gedacht werden konnte. Man erinnere sich an eine Kindheit, in der Fernsehen noch keine Castingshow, keinen Wettbewerb dünner Mädchen, keinen modernen Gladiatorenkampf um 15 Minuten Ruhm zeigte, als Fernsehen noch nicht zum Platzhalter für die Werbeindustrie verkommen war. Jedoch: Fernsehen hat sich durchgesetzt, eine nicht mehr wegzudenkende Gewohnheit, Abendfüllung für Millionen. Die effektivste Methode, um seine Zeit totzuschlagen.

Und heute? Nicht nur Fernsehen, viele neue Medien und ihre digitalen Welten prasseln auf uns ein. Es bleibt nur wenig Besinnung auf den Augenblick. Hier zu sitzen, nur mit sich selbst, ohne einströmende Schlagzeilen, Kurznachrichten oder E-mails, kaum mehr möglich. Der nächste Anruf lenkt dich weg von dir, hin zu einem *Soll* oder *Könnte*. Abends flimmern in den allermeisten Haushalten Werbebotschaften und Schlagzeilen aus den Flachbildschirmen. Zur Essenszeit gratis in die vier Wände: alle Unglücke dieser Welt. Tote, Verstümmelte, verhungernde Kinder, alles nur Schlagzeilen, die im Sekundentakt mit Bildern von süßen Koalabären, Sternchen und Stars und sportlichen Glanzlichtern verschmelzen. Alles erscheint gleich wichtig, nichts ist daher wichtig. In 100 Sekunden die ganze Welt.

Das globale Unglück, eingebettet in und umrahmt von Werbeblöcken, verschwindet binnen Sekunden aus unserem Bewusstsein, schöne neue Bilder blinken uns entgegen, Bilder voll Emotionen, die Wünsche in uns wecken sollen, die uns suggerieren, dass ein Auto glücklich macht, ein Getränk die ersehnte Liebe beschert, ein Schlemmermenü schlank macht: Bilder, die sagen: Kauf mich und alles wird gut.

Mehr als hundert TV-Kanäle, dazu Internet, E-mails, Facebook, Twitter, Youtube & Co, Werbeplakate an jeder Ecke, Gratiszeitungen in der Straßenbahn und unzählige Möglichkeiten mehr, sich in fremden Welten zu verlieren. Man darf fragen: Können das menschliche Gehirn und die Psyche all die Reize, das Bombardement an Botschaften und Bildern unbeschadet verkraften? Bedeutet ein Zuviel an allem, ein zu rascher Wandel der Zeit, eine zu hohe Anforderung an die Spezies Mensch und daraus folgend das Kollabieren der Psyche und damit der Gesundheit? Das ist nicht bewiesen, würden Medienmacher unisono mit den Anhängern der evidenzbasierten Medizin entgegnen. Ja, wie denn auch? Wer sollte solche Studien bezahlen? Die Pharmariesen sicher nicht. Man sägt nicht an dem Ast, auf dem man sitzt. Ein Kollaps der Psyche, der einhergeht mit einer Unzahl an seelischen und auch körperlichen Erkrankungen, ein Traum jedes Pillenproduzenten. Marketingmenschen beginnen zu texten. Pillen gegen die Sucht, online dazuzugehören, wie könnten die Namen lauten? *Proface* gegen die Posting-Sucht? *Twittalin* gegen zu viele Zwitscher-Stunden? Milliardenumsätze werden kalkuliert, freudig reibt man sich die Hände.

Immer und überall online zu sein ist eine um sich greifende Tatsache, die zwar eine direkte Verbindung zur Außenwelt ermöglicht, aber unsere Freiheit in gewisser Weise einschränkt. Indem das Smartphone, einem körperlichen Anhängsel gleich, Teil des Trägers wird, begeben wir uns freiwillig in die Rolle des stets erreichbaren, kontrollierbaren, abrufbaren Nachrichtenempfängers. Jugendliche auf der Straße, in der U-Bahn, im Café, ständig den Blick Richtung Handfläche gerichtet, ständig am Tippen oder am Warten auf Nachrichten. Gehobenen Blickes durch die Straßen zu gehen, damit gibt man sich als Angehöriger einer der älteren Generationen zu erkennen.

Ständige Erreichbarkeit lässt einen nicht abschalten. Man ist stets auf dem mentalen Sprung, bereit zu kommunizieren, man ist nie so ganz bei sich. Manche Psychologen und Psychiater sehen in einer Handy- und Internetsucht bereits eine psychische Erkrankung. Mögliche Langzeitfolgen sind noch nicht abschätzbar. Therapiemöglichkeiten werden bereits entwickelt. Eine Bezeichnung dafür lautet MAIDS, die Abkürzung steht für „Mobile and Internet Dependency Syndrome". Dass exzessive Handy-Nutzung zumindest unglücklich machen kann, haben Forscher der Kent State University in Ohio erhoben (ja, manche Studien gibt es doch!). Handy-Süchtige verspüren demnach ein stärkeres Gefühl der Sorge als Menschen, die Nachrichten oder Anrufe hin und wieder ignorieren. Die Forscher fanden heraus, dass sich die Probanden durch die permanente Handy-Nutzung dazu verpflichtet fühlten, ständig mit ihren Freunden in Kontakt sein zu müssen. Wer demnach den ganzen Tag über unentwegt Nachrichten verschickt und auf Social-Media-Seiten unterwegs ist, wird an das Gerät gebunden und durch das Nicht-abschalten-Können/Dürfen gestresst.

Handy und Internet sorgen auch dafür, dass uns der verlängerte Arm des Chefs auch in der Freizeit erreicht. Entspannend ist das natürlich nicht. Dass ständige Erreichbarkeit viele Arbeitnehmer sogar krank macht, geht etwa aus einem Gesundheitsreport der Krankenkasse Nordrhein-Westfalen hervor. Demnach lesen 22 Prozent einmal pro Woche bis täglich in der Freizeit auch ihre dienstlichen E-mails. Wird ein Angestellter häufig außerhalb der Arbeitszeit von seiner Firma kontaktiert, steigt das Risiko einer Depression.

Neurowissenschaftler warnen gar vor einer „Digitalen Demenz", einem Syndrom, das sich entwickeln kann, wenn zu viel Zeit mit dem Computer und Internet verbracht wird. Dies sei speziell bei Kindern und Jugendlichen ernst zu nehmen, da die Gehirne vor allem in dieser Zeit ausgebildet werden. Wer googelt, statt Informationen aus Büchern zu holen oder sich per Facebook mit Freunden austauscht, statt sich persönlich zu unterhalten, verlerne das Lernen und soziale Kompetenz. Man kann sich schon Sorgen machen um den Nachwuchs, angesichts von Statistiken, wonach in Deutschland 8- bis 18-Jährige rund 7,5 Stunden pro Tag mit Computer & Co. verbringen. Solch ein exzessiver Konsum digitaler Medien kann nicht nur zu Sprach-, Lese- und Rechtschreibstörungen führen, sondern ein exzessives Leben in der digitalen Welt birgt sogar die Gefahr einer verfrühten Demenz.

Reizüberflutung, neue Medien und ständige Erreichbarkeit, noch nie zuvor war der Mensch einem derartigen Bombardement an äußeren Eindrücken ausgesetzt. Nun, was tun? Die globale Entwicklung kann man nicht beeinflussen, sehr wohl aber das persönliche Verhalten. Sensiblen Menschen empfiehlt sich ein Stopp der Informationsflut. Man muss nicht jeden Unsinn konsumieren, muss nicht alles wissen, muss nicht *auf der Höhe der Zeit* sein. Man darf sagen: „Das interessiert mich nicht." Diese Freiheit darf und soll man sich nehmen.

Um sich Freiräume zu schaffen und um Psyche und Gesundheit zu schonen, sollte man sich öfters einmal ausklinken. Drücken Sie die Off-Taste. Schalten Sie das Handy, das Smartphone, das Tablet, den Laptop ab. Geht das? Man könnte etwas Wichtiges versäumen, denkt man. Was, wenn einem genau jetzt die Einladung zur Party, ein beruflicher Auftrag ereilt oder einfach ein Freund anklopft? Durch Gedanken wie diese werden unsere Freiräume immer enger. Also ausprobieren. Handy aus! Wenn ich nicht da bin, bin ich nicht da. Wichtige Dinge landen ohnehin auf dem Anrufbeantworter.

Aber: Sich auszuklinken kann Ängste mit sich bringen. Schließt man sich dadurch nicht aus der Gemeinschaft aus? Freunde könnten verloren gehen. Wenn dem tatsächlich so ist, gut so, denn echte Freundschaften halten das aus. Echte Freundschaften halten auch aus, mit einem *Nein* konfrontiert zu werden. Einem Nein ohne Ausreden: „Heute will ich nicht ausgehen. Mir ist nicht danach. Das nächste Mal wieder, bis bald."

Wie wäre es, eine konsequente Erreichbarkeits-Auszeit zu zelebrieren? Eine Zeit nur für sich. Eine Zeit, in der man nicht zu erreichen ist. Einmal pro Woche vielleicht? Zu viel? Einmal im Monat? Das müsste doch gehen. Ausprobieren!

Was man dadurch gewinnt, ist Zeit für sich selbst. Zeit für sich selbst bedeutet Freiraum, Freizeit, Freiheit. Warum sich nicht einfach hinsetzen und Tee trinken, oder ein paar Minuten tief und langsam atmen; oder an einen Fluss oder See gehen und Steine ins Wasser werfen; oder sich hinlegen, tief und langsam atmen, die Augen schließen, zu sich finden.

# TEIL 7
# Freiheit und Gesundheit

## Tut mir das gut?

Diese Zeilen richten sich an die netten Menschen unter uns, die wirklich lieben Mitmenschen, an die, die vielleicht sogar *zu* lieb sind. Es sind diejenigen Vertreter unserer Spezies, die zuvorkommend und hilfsbereit sind, immer mit Rat und Tat zur Seite stehen, freundlich lächeln, ein „Nein“ nur unter Androhung von Folter über die Lippen bringen; diejenigen, die Dank und Lob schwer annehmen können und dann bescheiden sagen: „Habe ich doch gern gemacht.“ Es sind die, die ihr Leben unter dem Motto „Liebe deinen Nächsten“ gestellt haben. Dagegen wäre ja nichts einzuwenden, doch es besteht die Gefahr, dass man seine Grenzen überschreitet, sich ausbeutet. Die Folge: Die Gesundheit beginnt zu bröckeln und irgendwann wird man krank. „Ja, sollen wir alle Egoisten sein?“, höre ich schon den Einwand manch geschätzter Leser. „Aber sicher!“, möchte ich sagen. Nicht im Sinne des sich selbst über alle Maßen liebenden Vertreters der Gattung Mensch, dessen persönlicher Tellerrand vom gepflegten Scheitel bis hin zu den auch sicherlich schön geformten Zehen reicht, sondern im Sinne eines gesunden, sich selbst nicht verleugnenden Egoismus. Obwohl, Egoismus ist das falsche Wort, *Selbstfürsorge* das bessere. Die alles entscheidende Frage für diese Menschen lautet: Tut mir das gut, wie ich lebe?

*Tut mir das gut, wie ich lebe?* Tut mir gut, was ich den ganzen Tag mache? Lege ich mein eigenes Wohl in die Waagschale, wenn es abzuwägen gilt, was ich tue, worauf ich verzichte, was ich anstrebe? Oder stelle ich meine Interessen hinten an, ganz hinten? Hinter das Wohl der Kinder, des Partners, der Eltern, der Tante Mizzi, des Vorgesetzten, der

Kollegen, der Freundin, der Nachbarin, die mich immer zum Kindersitten braucht, wenn sie „völlig überraschend“ zum Friseur oder auf den Tennisplatz muss?

Was sich vielleicht lustig anhört, ist ernst gemeint. Der Hintergrund dieses Kapitels ist der, dass ich in vielen Gesprächen mit schwererkrankten Menschen, die dem Tod im letzten Augenblick von der Schippe gesprungen sind, auf meine Frage nach ihrer Lehre aus diesem Ereignis immer wieder dieselbe Antwort erhalten habe: „Ich werde ab sofort vor allem das tun, was mir guttut.“ Wer eine zweite Chance im Leben bekommt, erkennt, dass sein bisheriges Leben nicht optimal war und dass ihn vielleicht der viele Stress, die Traurigkeit oder die unterdrückte Wut in die Krankheit getrieben haben. Vor allem Krebspatienten, die nach der Chemo und der Operation eine neue Chance erhalten haben, stellen dieses Motiv an erste Stelle ihres Vorhabens: Besser leben. Besser auf sich aufpassen. Seine Bedürfnisse nicht weiter unter den Teppich kehren, sie achten und verteidigen.

Dass dieser Wandel dem sozialen Umfeld nicht unbedingt gefällt, das ist klar. Aber bitte: *Na und?* Was ist wichtiger als Ihre Gesundheit?

Am besten lasse ich eine Betroffene selbst sprechen. Im Interview sagte sie: „Ich mache mir keinen Stress mehr, sondern mache immer mehr, was mir guttut. Das Leben wird so viel bewusster, ich genieße die Dinge und setze sie auch um, anstatt von ihnen nur zu träumen. Wenn ich jetzt in den Urlaub fahren will, mache ich es und träume nicht nur davon, so wie ich es früher immer gemacht habe. Früher hätte ich hin und her überlegt und wäre dann doch zuhause geblieben, weil es mir zu viel gekostet hätte. Und dann hätte ich gejammert, dass ich mir das nicht leisten kann. Das ist vorbei. Jammern gibt es nicht mehr. Jetzt jammern vielleicht manche andere, weil ich mehr auf mich achte und mich weniger um die fremden Bedürfnisse kümmere. Ich gebe zwar noch immer viel, aber nicht mehr 150 Prozent, so wie früher.“

Eine Psychoonkologin hat mir das Gefühlsleben vieler Patienten anhand eines Beispiels geschildert: „Eine Patientin erzählte mir, dass sie vor der Erkrankung vieles getan hat, um andere zufriedenzustellen, um zu gefallen, um nicht alleine zu sein. *Nach* der Erkrankung hat sie gesagt, was *sie* möchte und was nicht, auch auf die Gefahr hin, dadurch Konflikte auszulösen. Auch das ist ein Resultat eines Abwägens, was einem guttut und was nicht. Viele sagen sich: Ich bin jetzt stärker als zuvor, ich achte nun auf mich. Kommt man zum Schluss, dass es einem nicht guttut, immer nur *Ja* zu allem zu sagen, dann lernt man nun Schritt für Schritt, *Nein* zu sagen. Kommt man zum Schluss, dass einem bestimmte Tätigkeiten oder Menschen nicht guttun, dann trennt man sich von ihnen oder erlaubt sich zumindest mehr Distanz.

Viele entwickeln mit der Zeit eine Stärke, gepaart mit dem Vorsatz, sich und den eigenen Bedürfnissen mehr Raum zu geben. Das kann im Extremfall sogar bedeuten, zu kündigen, wenn innerhalb des Arbeitsplatzes keine Veränderungsmöglichkeiten bestehen, oder sich vom Partner zu trennen, wenn diese Beziehung belastend war. Sehr oft verändert sich in dieser Zeit auch der Freundeskreis, Freundschaften erhalten eine andere Qualität. Auch der alltägliche Umgang mit der Zeit kann sich verändern. Zeit für sich selbst, für Tätigkeiten, die Freude machen, wird nun vermehrt für sich in Anspruch genommen.

Vor ihrer Erkrankung sind viele Betroffenen in erster Linie um Pflichterfüllung bemüht. Gerade in stressigen Zeiten verzichten viele auf Hobbys, auf Treffen mit Freunden usw., weil dafür keine Zeit mehr da ist oder man einfach viel zu müde ist. Aber gerade dann sollte man darauf achten, sich Zeit für sich selbst zu erlauben, um auftanken zu können. Ich nenne diese Zeit *eine Verabredung mit der eigenen Gesundheit*, was den Stellenwert auch klarmachen sollte. So achten viele nach der Erkrankung darauf, wie sie ihre Zeit verbringen und mit wem, es wird also neu bewertet, Unpassendes ausgeräumt und Passendes neu ins Leben geholt."

Also: Stellen Sie Ihr eigenes Wohl in den Mittelpunkt Ihrer Entscheidungen. Seien Sie netter zu sich selbst, liebevoller, freundlicher, nachsichtiger, anerkennender. Behandeln Sie sich selbst so gut, wie Sie Ihren liebsten Mitmenschen behandeln.

# Mensch ärgere dich nicht

Wer sich ständig über etwas oder jemanden ärgert, der schadet sich selbst. Es ist also hilfreich, wenn man sich seinen Ärger bewusstmacht. „Hey, merkst du es? Du ärgerst dich schon wieder. Lass das, oder willst du dir Magengeschwüre holen? Das ist der Typ/die Sache doch nicht wert!" Ärger in seinen Ansätzen zu erkennen, bewahrt uns die Möglichkeit, ihn zu hindern, sich in uns auszubreiten und auszutoben. Wieder hilft: Bewusstsein, Aufmerksamkeit.

Hat sich bereits einiges an negativer Energie angesammelt, kann es helfen, diese von sich abzustreichen, mit der Hand vom Körper wegzufegen. Spürt man zum Beispiel eine verkrampfte Schulter, kann man mit einer Hand die negative Energie von der Schulter ausleiten, indem man sie mit einem kräftigen Streich wegfegt. Wenn man das 20- bis 30- mal pro Schulter macht, kann man das richtig spüren, wie die negative Energie den Körper verlässt und die Muskeln weicher werden.

Ebenso häufig und ebenso schädlich wie das Sichärgern ist das Sichsorgen. Sich Sorgen machen als Lebenseinstellung, dieses Sich-ständige-Beunruhigen, ist nicht nur sinnlos, es bedeutet auch eine Verschwendung von mentaler Energie. Wenn wir ständig mit dem Schlimmsten rechnen, machen wir uns unglücklich und krank. Auf Dauer kann kein Körper gesund bleiben, wenn unser Geist ständig negative Energie produziert. Wir attackieren den Körper auf zellulärer Ebene, wenn wir unseren Geist auf Dauer mit Sorgen und Ängsten überschwemmen.

Die gute Nachricht: Unsere Gesundheit bessert sich, wenn das Sichsorgen ein Ende nimmt, wenn wir diese negative Geistesaktivität einstellen. „Leicht gesagt", werden Sie jetzt einwenden, und natürlich haben Sie Recht. Doch man ist seinen Gedanken nicht hilflos ausgesetzt. Wie in diesem Buch bereits ausgeführt, hilft hier die Selbstbeobachtung und Selbsterforschung: Mache ich mir ständig Sorgen? Worüber? Wenn ich mir über meine Gedanken im Klaren bin, dann habe ich die Möglichkeit, gegenzusteuern, denn dann erkenne ich ziemlich rasch, ob und wann sich das negative Gedankenkarussell in Gang setzt. Mit einiger Übung lässt sich dieses Karussell auch wieder stoppen (siehe dazu das Kapitel „Raus aus dem Gedankenkarussell".). Dazu nötig ist natürlich ein Mindestmaß an Bewusstsein, an Selbstbeobachtung und vor allem das Zutrauen, selbst Herr über seine eigenen Gedanken zu sein (oder zu werden). Das gilt freilich nur für jene von uns, die noch keine *krankhaften* Ängste entwickelt haben. Ist die Schwelle zu einer krankheitswertigen Störung überschritten, kann in vielen Fällen professionelle Hilfe (zum Beispiel durch Psychotherapie) nötig und auch wirklich hilfreich sein.

## Krise als Chance

In den letzten zehn Jahren habe ich durch meine Arbeit viele ehemals kranke und genesene Menschen kennen gelernt. Nach und nach kristallisierte sich ihre Botschaft heraus: Eine schwere Erkrankung ist nicht nur etwas Tragisches, sondern kann auch eine Chance sein.

Bekommt man eine schlimme Diagnose gestellt, ist man plötzlich und überfallartig mittendrin in einem Film, in dem man unfreiwillig und unweigerlich die Hauptrolle spielt. Jetzt ist sie da, die Krankheit, die Krise deines Lebens. Das Positive daran: Man ist in diesem Film nicht nur der Hauptdarsteller, sondern auch der Regisseur. Zumindest wenn die Sache nicht völlig aussichtslos ist, und in den meisten Fällen ist sie das nicht. In der Zeit der Therapie und der Zeit danach entscheidet man selbst, wie das Leben weitergehen soll. Wird es so weitergehen wie bisher oder will man nach dieser Zäsur neu beginnen, etwas ändern in seinem Leben, die Umstände drum herum oder sich selbst, als Person? Manche treffen eine solche Entscheidung sehr bewusst, sie wollen *so* nicht mehr weitermachen. Andere ändern sich zwangsläufig durch die Umstände und erfahren erst von anderen, dass sie nicht mehr dieselben sind wie früher.

Jede Krankheit bedeutet eine Krise und ist ein Katalysator für einen Neuanfang. Übersteht man eine schwere Erkrankung, bietet das die Chance auf einen solchen Anfang, auf Veränderung. Eine Chance wohlgemerkt, kein Muss. Es soll kein Zwang entstehen, alles umzukrempeln, keine Idealisierung eines Neuanfangs. Viele Menschen in dieser Situation sind einfach noch zu kraftlos, zu müde und erschöpft. Es dauert seine Zeit, bis man sich erholt hat. Für viele jedoch ist bereits diese Zeit der Regeneration der Beginn einer Veränderung. Manche empfinden eine schlimme Diagnose als einen Wink mit dem Zaunpfahl, eine ultimative Aufforderung, das Leben drastisch zu ändern. Vorerst wissen sie oft zwar nur, was sie *nicht* mehr machen möchten, und sie wissen, wie wichtig es ist, alles zu entfernen, was einem nicht guttut: ungesunde Verhaltensweisen, negative Umstände, falsche Freunde, ein schlechter Lebensstil.

Sind der Schock und später auch die Erkrankung überwunden oder diese zumindest stabil, dann erkennen oder fühlen viele: Das Leben gibt mir eine neue Chance. Welche Chance ist gemeint? Die Chance, das eigene Leben neu zu ordnen, Unliebsames zu entfernen, Neues zu beginnen. Viele befreien sich von den Lasten der Vergangenheit, dem Stress, der unglücklichen Partnerschaft, der Arbeit, die sie nicht befriedigt.

Eine Erkrankung ist für die meisten Menschen Anlass, über das eigene Leben nachzudenken und Bilanz zu ziehen. Fragen tauchen auf und werden reflektiert: Wie ist mein Leben verlaufen? War es so, wie ich es mir erträumt habe, oder habe ich völlig an dem vorbeigelebt, was ich mir gewünscht habe? Bin ich glücklich oder wenigstens zufrieden oder waren die vergangenen Jahre nichts anderes als eine Aneinanderreihung anstrengender, freudloser Tage? Befriedigt mich meine Arbeit, bin ich mit meiner privaten Situation glücklich? Habe ich wirklich gelebt oder die mir wichtigen Dinge nur aufgeschoben?

Viele Fragen tauchen auf und die Antworten, die man ohnehin in seinem Inneren trägt, drängen nach außen, wollen gehört und ernst genommen werden. Verdrängtes tritt an die Oberfläche, ob es einem gefällt oder nicht; es ist ein Prozess, der sehr schmerzhaft sein kann. Dieser erzwungene Blick auf das eigene Leben kann aber auch eine

Chance sein, dieses künftig anders zu leben. Die Fehler der Vergangenheit müssen nicht für alle Zeit wiederholt werden, man kann sie abstellen und Änderungen herbeiführen.

Viele der Menschen, die mir ihre Geschichte erzählt haben, haben diesen Prozess erkannt und bewusst geführt. Sie haben ihre Vergangenheit analysiert und sich klare Vorstellungen einer besseren Zukunft gemacht. Und das Wichtigste: Sie haben ihren Vorstellungen Taten folgen lassen: Sie kümmern sich nun besser um sich selbst, haben einen gesunden Egoismus entwickelt, haben gelernt, *Nein* zu sagen zu übertriebenen Anforderungen, weigern sich, sich weiterhin zu stressen, haben neue Berufsfelder für sich entdeckt und manche haben einen neuen Partner an ihrer Seite. Viele von ihnen haben die Erkrankung als Chance für sich erkannt, altes, nicht mehr Dienliches aus ihrem Leben zu entfernen, um Platz zu machen für ein freudvolleres Leben. Freilich ist Veränderung oft mit Angst verbunden und die Umsetzung von Veränderung stößt oft auf Unverständnis. Manche der befragten Personen fühlten sich auch überfordert, Veränderungen durchzuführen, sie empfanden die Möglichkeit dazu als Druck und nicht als Chance. Niemand sollte gedrängt werden, künftig anders leben zu „müssen" als bisher, ein jeder hat die freie Entscheidung. Manche wissen sofort, was alles anders werden soll, andere brauchen viel Zeit, um sich darüber klar zu werden, und manche wollen im Wesentlichen so weitermachen wie bisher.

Mehr als 60 sehr persönliche Mutmachgeschichten sind nachzulesen in meinen drei Büchern, die im Verlag Überreuter erschienen sind:
„Lebe! Diagnose Krebs als Chance zur Veränderung"
„Geheilt! Wie Menschen den Krebs besiegten"
„Geheilt vom Schmerz".

# Weg mit dem Stress

Wir sehen eine Katze, sie liegt in einem mit Stroh gefüllten Korb. Die Sonnenstrahlen streichen ihr über den Kopf, sie streckt sich, leckt sich eine Pfote, senkt den Kopf wieder und dämmert ihrem Schlaf entgegen. Kein Gedanke schmälert ihren Genuss, sie ist so entspannt, wie man nur sein kann. Freiheit in Vollendung. Und wir? Wir werfen einen letzten Blick auf die Katze, sagen vielleicht zu ihr: „Du hast es gut", denken an die nächsten Aufgaben, die vor uns liegen, die ja schließlich jemand erledigen muss. Wir machen das schon, obwohl es uns gar nicht freut, obwohl wir vielleicht sogar Angst davor haben oder zumindest kein gutes Gefühl. Wenn wir uns die To-do-Liste des Tages durch den Kopf gehen lassen, schwindelig könnte uns werden. An solchen Tagen sind wir oft schon beim Aufwachen gestresst. Allein der Gedanke an den Tag kann ausreichen, um diesen nicht leben zu wollen.

Die Weltgesundheitsorganisation (und die muss es ja wissen) bezeichnet Stress als die größte Gesundheitsgefahr des 21. Jahrhunderts. Und wenn man die Leute im Büro, in der Straßenbahn und in der Kneipe so reden hört, könnte da etwas dran sein. Stress *hat man*. Kaum ein Gespräch, in dem jemand nicht erklärt, gestresst zu sein. Oft will man damit nur klarmachen, wie geschäftig, wie fleißig, ja wichtig man doch ist.

Was ist Stress überhaupt? Kann man das definieren? Kann man, es ist bloß so, dass jeder etwas anderes darunter versteht. Stress, wie wir ihn hier verstehen, das bedeutet im Wesentlichen ein Zuviel. Ein Zuviel an

Aufgaben, an körperlichen und seelischen Belastungen und auch an einprasselnden Reizen und Sinneseindrücken.

Stress ist subjektiv, er entsteht durch Bewertung. Ob und wann etwas zu viel ist, ist ebenfalls subjektiv bewertet. Stress entsteht, wenn man sich überfordert fühlt, wenn man etwas fühlt, was man nicht fühlen möchte. Man kann sogar im Bett liegen und gestresst sein (nicht, was *Sie* jetzt denken). Man kann am Strand unter Palmen liegen und gestresst sein. Stress ist eben eine sehr persönliche Angelegenheit. Wer etwa im Bett liegt *und nicht schlafen kann, doch unbedingt schlafen möchte*, der ist gestresst (*das* habe ich natürlich gemeint), er befindet sich im negativen Stress (*Disstress*, wie das der Onkel Doktor nennt). Wer unter Palmen liegt und befürchtet, dass ihn sein Partner gerade betrügt, ebenso. Wer sich einer heiß ersehnten Synchronmassage hingeben möchte, doch diese in keiner Weise genießen kann, weil der Nachbar mit einer Bohrmaschine in der Wand rumfummelt, ja, auch der ist gestresst (es sei denn, er ist taub oder der Klang einer Bohrmaschine ist Musik in seinen Ohren). Wer dagegen zwölf Stunden arbeitet und dies mit viel Freude und in innerer Harmonie mit einem Summen auf den Lippen macht, der befindet sich im harmlosen, ja mitunter sogar beflügelnden sogenannten *Eustress* (das ist also kein „echter" Stress, sondern bloß ein Begriff, der erfunden wurde, um uns zu verwirren).

Wir sprechen hier aber nur über den bösen Disstress. Er ist kein unansehnliches Monster, sondern ein Produkt unserer Gedanken. Er ist demnach zu hundert Prozent individuell und wird von uns selbst erschaffen, im Kopf.

Um gestresst zu sein, bedarf es nicht einmal einer anderen Person. Gestresst ist man auch, wenn man sich selbst unter Druck setzt, es allen recht machen will und dadurch seine eigenen Bedürfnisse vernachlässigt. Es stresst uns auch, wenn wir wie kleine Kinder rufen: „Ich mag keinen Stress! Meinen Stress, den mag ich nicht!" Eben dieser Widerstand, dieses Nichtwollen erzeugt erst recht Stress.

Wenn Sie nun sagen: „Na gut. Mache ich mir meinen Stress halt selbst. Na und? Wo ist das Problem?“ Die Antwort kann ich Ihnen gerne verraten. Dauernder Stress macht uns krank, auch Sie. Das ist kein Geheimnis, das läuft so ab: In Stresssituationen werden Hormone wie Adrenalin und Cortisol freigesetzt. Die Atmung wird schneller und eine erhöhte Herzschlagfrequenz treibt den Blutdruck in die Höhe. Stressoren haben auch Einfluss auf das vegetative Nervensystem, sie steuern also Körperreaktionen, die von selbst ablaufen. Davon sind zum Beispiel der Magen-Darm-Trakt betroffen (bei Stress rumort es gerne in der Körpermitte) oder die Muskeln, die steinhart werden.

Bei Stress ist es wie so oft im Leben: Die Dosis macht das Gift. Dauert er zu lange an, schadet er Körper und Psyche. Die Belastbarkeit bei häufigem oder lange andauerndem Stress nimmt mit der Zeit ab, bis schließlich irgendwann die totale Erschöpfung eintritt. Dauerstress bedeutet für den Körper Daueralarm. Die Sirenen heulen, aber keiner löscht den Brand. Stress senkt die Toleranzgrenze für all das, was wir aushalten müssen, und lässt uns dünnhäutig werden. Man fühlt sich schnell genervt und überfordert und reagiert dann auf Kleinigkeiten ängstlich oder aggressiv und feindselig. Psychische Probleme bis hin zu einer Depression können die Folge sein.

Die ersten Anzeichen sind Befindlichkeitsstörungen, wie zum Beispiel Kopfschmerzen, Schlafstörungen, Magenschmerzen, Schwindel oder Rückenschmerzen. Das Immunsystem leidet und man wird anfälliger für Infektionen. All das führt zu weiterer Überforderung und Erschöpfung. Durch erhöhten Blutdruck steigt das Risiko für Schlaganfall und Herzinfarkt. Auch werden wir anfälliger für Magengeschwüre, psychosomatische Beschwerden und allerlei unschöne Dinge mehr.

Und da wir alle diese Probleme nicht haben wollen, ist es wichtig, Stress zu erkennen, die Reaktionen des Körpers nicht zu verdrängen und diese als Warnsignale wahrzunehmen.

## Belastungen erkennen

Ein nachhaltiger Weg aus der Stressfalle könnte so aussehen: Stressauslöser erkennen, Lösungen suchen, planen und verhindern, dass Stresssituationen ständig auftreten.

Also: Belastungen erkennen und analysieren: Meist kehren die belastenden Situationen täglich wieder. Ständig werden wir von denselben Menschen, Situationen, Reizen, Aufgaben, Sorgen und Ängsten gestresst. Veränderungen sind nötig, um einen stressigen Alltag in einen entspannenden zu verwandeln.

Der erste Schritt aus der Stressfalle besteht darin, dass man sich seiner Situation bewusst wird. Es gilt zu erkennen, was im Alltag immer wieder als belastend empfunden wird. Man sollte seine Situation möglichst ehrlich analysieren und die Augen vor dem eigenen Elend nicht so lange verschließen, bis nichts mehr geht.

Am besten erkennt man Stressoren, wenn man ein Stresstagebuch führt. Man notiert sich jene Situationen, die Stress verursachen: das ständige Bellen des Nachbarhundes, das Streiten der Kinder, die Unhöflichkeit des Kollegen, der Stau und der damit verbundene Zeitdruck auf dem Weg zur Arbeit, die Gedanken an den Kredit etc. Häufig entdeckt man beim Niederschreiben seiner Eindrücke, dass einem jeden Tag dieselben kleinen und großen Begebenheiten die Energie rauben. Tipp: Schreiben Sie ein Jahr lang eine „Nie-wieder-Liste“: Tragen Sie in diese Liste all jene Situationen ein, die sie nie wieder erleben möchten. Und schreiben Sie jeweils das Datum dazu. So können Sie im nächsten Jahr viele dieser Stressoren eliminieren, weil sie schon wissen, was auf sie zukommt (unliebsame Pflichttermine etc.) So sind sie gewappnet und können frühzeitig umdisponieren.

Sehr oft entsteht Stress dadurch, dass man großen Wert darauf legt, Anforderungen zu erfüllen. Die Anforderungen im Arbeitsalltag werden gefühlt immer mehr, aber nicht nur hier steigt der Druck, auch zu Hause soll man eine besonders gute Mutter oder Vater, Liebhaber, Partner und sonst noch alles Mögliche sein.

Zu hohe Anforderungen sind oft selbst verursacht. Oft sitzt bei chronisch gestressten Menschen der größte Antreiber in einem selbst. Man hat sehr hohe Ansprüche an sich, oft ohne es zu bemerken. Und man ist der Überzeugung, dass auch die anderen diese Ansprüche stellen.

Sind einem die ständigen Belastungen erst einmal bewusst, kann man sich vor ihnen schützen. Man muss Lösungen suchen, wie man die belastenden Situationen besser bewältigen oder diese verlassen kann. Zuerst gilt es zu analysieren, ob sich die Situation ändern lässt. In vielen Fällen lassen sich tägliche Stressoren relativ leicht vermeiden. Beispiele: etwas früher zur Arbeit fahren, um nicht immer auf den letzten Drücker ins Büro laufen zu müssen; die Kinder einige Minuten früher aus dem Bett holen, damit man in aller Ruhe frühstücken kann; mit Kollegen Zeiten vereinbaren, an denen man unter keinen Umständen gestört werden darf; die übliche Reizüberflutung eindämmen: Handy ausschalten, eine Tätigkeit nach der anderen vornehmen (kein Multitasking, also z.B. keine E-Mails verfassen und gleichzeitig einen Bericht im Radio hören), häufig kurze Arbeitspausen einlegen, einen lange schwelenden Streit klären, den Nachbarn bitten, den Fernseher generell leiser zu stellen etc.

Ist die belastende Situation nicht zu ändern und kann man diese auch nicht aus einem anderen, positiven Blickwinkel betrachten und auf diesem Weg *entstressen*, dann bleibt als letzter Ausweg oft nur, die Situation zu verlassen, um sich vor gesundheitsschädlichen Folgen zu schützen. Konkret heißt das etwa: den Job wechseln, den Partner verlassen, eine andere Wohnung suchen.

Und tschüss.

# Stress abbauen

Jeder reagiert anders auf Belastung und jeder hat seine individuellen Anti-Stress-Mittel. Wer sich unter Druck fühlt, schnell genervt ist und wessen Belastbarkeit merklich schwindet, sollte bewusst entstressende Dinge tun, die auch langfristig wirkungsvoll sind. Fernsehen, Bier trinken, Kuchen in sich stopfen und andere mehr oder weniger sinnvolle Versuche eignen sich nur scheinbar gut. Ohne körperlichen „Ausdruck" (boxen, laufen, hüpfen wie Rumpelstilzchen) funktioniert der Abbau der Stresshormone nur sehr langsam.

Was können wir tun? Als Sofortmaßnahme Stress abbauen. Die Hände in die Füße nehmen. Das ist ein Steinzeitreflex, dem wir immer noch gehorchen. Bei Stress nehmen wir etwas als bedrohlich wahr und der Körper wird in Alarmbereitschaft versetzt, um dieser vermeintlichen oder tatsächlichen Bedrohung tatkräftig begegnen zu können. Wir sind auf Kampf oder Flucht programmiert. *Fight or flight.* Das sagen uns unsere Gene. Immer noch. Die Lösung: dem Stressauslöser eins auf die Glocke geben. Das könnte problematisch enden (vor allem, wenn wir durch unser stressiges Denken selbst der Stressauslöser sind). Oder flüchten, also davonlaufen. Das ließe uns hasenfüßig aussehen, geht also auch nicht. Wie sähe es aus, wenn alle Schlipsträger schreiend aus dem Büro stürmen oder Mütter, statt dem unwilligen Bengel am Ohr zu ziehen, kreischend aus dem Haus flüchten würden?

Ein Ausweg der Moderne: Wenn wir uns Sporthosen anziehen und solchermaßen gekleidet loslaufen, dann ist das ein gesellschaftlich anerkanntes Tun. Laufen ersetzt bei vielen gestressten Genossen Kampf oder Flucht. Es tritt also ein zeitverzögerter Stressabbau ein. Durch die Bewegung werden die Stresshormone wieder abgebaut. Läuft man immer weiter, werden wir sogar belohnt, denn dann winken uns Endorphine, jene angenehmen Botenstoffe, die uns Glücksgefühle und eine feine Stimmung bescheren.

Vor allem körperliche Bewegung und Sport bauen Spannungen ab. Ist (leider) so. Aber es darf auch gemütlicher abgehen. Schon ein Spaziergang tut gut. Rausgehen ist sehr wichtig, wenn möglich in die Natur. Aber nur, wenn man das mag. Und dann könnte man doch einfach das tun, was Spaß macht. Bloß nicht auch noch in der Freizeit stressige Dinge tun. Nochmals: Das tun, was man wirklich gern tut. Falls Sie als Arbeitstier überhaupt noch wissen, was das sein könnte.

Manche schwören auf Entspannungsmethoden wie Atemtraining, Progressive Muskelentspannung, Autogenes Training, Meditation. All das entspannt Körper und Geist und hilft auch langfristig, gelassener zu werden. Auch hier gilt wieder: Das kann man nicht erzwingen. Daher sollte es auch nur der machen, der das gut für sich findet.

Besser, als immer Stress abbauen zu müssen, ist klarerweise erst mal gar keinen zu bekommen. Das erspart uns viele staubige Kilometer und Schweißperlen auf der Stirn. Oder viele Stunden, in denen wir auf eine Boxbirne einschlagen (eine Boxbirne kann ich nur empfehlen. Sie kann sich nicht wehren und stöhnt auch beim härtesten Schlag kein bisschen) oder ähnliche körperliche Befreiungsschläge (oder Tritte: Radfahren wirkt auch gut).

## Stressfrei arbeiten

Die folgenden Zeilen sind für die gestressten Arbeitstiere unter uns gedacht, die zwar Arbeitstiere bleiben möchten oder meinen, bleiben zu müssen, aber ein wenig entspannter arbeiten möchten (Wenn Sie die Arbeit ohnehin die anderen machen lassen, können Sie die folgenden Zeilen getrost überspringen.).

Tipps, wie man stressfreier arbeitet:

Eine Sache nach der anderen erledigen. Gleichzeitiges Arbeiten an mehreren Sachen macht hektisch und verzögert Lösungen, denn man muss sich gedanklich stets neu auf die jeweilige Aufgabe einstellen.

Prioritäten setzen. Stehen mehrere Aufgaben an, sollte man festlegen, welche Aufgabe am wichtigsten ist, und diese zuerst erledigen. Konzentration auf die wirklich wichtigen Aufgaben.

Für eine möglichst leere Schreibtischplatte sorgen. Türmen sich Unterlagen am Arbeitsplatz, belastet uns das (oft unbewusst). Ein unerledigter Arbeitsberg vor Augen ermüdet, ohne überhaupt schon gearbeitet zu haben.

Erledigen statt aufschieben: Tages-, Wochen- und Monatspläne helfen, Aufgaben auch tatsächlich zu meistern und diese nicht vor sich herzuschieben.

Den Überblick bewahren: Alles aufschreiben, was es zu erledigen gilt. Eine tägliche To-do-Liste zeigt auf einen Blick, was zu tun ist.

Eine Not-to-do-Liste ist auch etwas Feines: Da kann man alles draufschreiben, was man sich heute alles sparen will. Alles Überflüssige streichen.

Delegieren: Man muss nicht alles selber machen. Und wieder: *Nein sagen* lernen. Sich nicht zu viel aufbürden (lassen).

Termindruck vermeiden: Besser weniger als zu viel Aktivitäten einplanen. Sich rechtzeitig auf den Weg machen, ausreichend Wegzeiten einplanen.

Zeitfresser eliminieren: Finger weg von Computerspielen, E-Mails nur nach getaner Arbeit checken, niemals zwischendurch abrufen. Türe schließen, wenn man in Ruhe arbeiten will. Störquellen eliminieren.

Wichtig sind auch klare Strukturen am Arbeitsplatz. Jeder Mitarbeiter muss wissen, wofür er zuständig ist und wofür nicht. Menschen, die meinen, für alles zuständig zu sein, können sich schon mal für ein Burnout-Seminar anmelden.

Auch die Einstellung zur Aufgabe beeinflusst, ob man sich durch die Arbeit gestresst fühlt oder nicht. Wer es schafft, mit innerer Zustimmung, gleichsam mit einem Summen, die Aufgabe zu bewältigen, arbeitet leichter und entspannter.

Arbeit und Freizeit trennen: Wer sich schon sehr gestresst fühlt, nimmt sich oft keine Freizeit mehr. Er arbeitet sogar zuhause oder denkt hier zumindest an die Arbeit. Wenn ein Burnout naht, dann unterlässt man in der Regel alles, was einem guttut. Die wichtigste Anti-Stress-Regel für diesen Fall: Trennen Sie Arbeit und Freizeit. Wer seine Arbeit mit nach Hause nimmt, sei es auch nur in Gedanken, der kann nicht abschalten und bleibt in beruflichen Sorgen verstrickt.

Oft hilft ein Abschlussritual, um seine Arbeit dort zu lassen, wo sie hingehört. Das Ritual kann in einer Geste liegen (zum Beispiel den Tag am Kalender durchstreichen) oder in Worten („Schluss für heute“). Auch das Aufräumen des Arbeitsplatzes kann das Ende des Arbeitstages symbolisieren. Und Schluss für heute.

# Frei sein im Schmerz

Ein Kapitel für Schmerzgeplagte: Wem nichts wehtut, bitte weiterblättern.

Krankheiten nehmen uns Freiheiten, die einem gesunden Menschen selbstverständlich sind. Sie schränken unseren Spielraum ein, körperlich wie psychisch. Speziell Schmerzerkrankungen engen unsere Freiheit ein. Der Grad der Schmerzen bestimmt, was man an diesem Tag machen kann und was man alles lassen muss. Häufig muss man sogar den Beruf aufgeben, Partnerschaften gehen zu Bruch; starke und andauernde Schmerzen treiben viele Menschen in den Suizid.

Viele Millionen Menschen haben dauerhaft körperliche Schmerzen. Dies ist eine objektive Feststellung, nämlich, dass Schmerz eben weit verbreitet ist. Über das konkrete Leid der Betroffenen sagt das freilich nichts aus. Eine derartige Aussage wäre auch nicht möglich, ist Leiden doch nicht gleichbedeutend mit Schmerz. Wer Schmerzen hat, leidet in der Regel zwar an diesem Zustand, freilich ist das Ausmaß des Leides individuell sehr verschieden. Manche können sehr gut mit Schmerzen umgehen, während andere geradezu fokussiert sind auf ihre unangenehmen Gefühle. Sie leben ängstlich und vermeiden im Alltag sämtliche Verhaltensweisen, die ihre Schmerzen auslösen oder anfachen könnten. Schmerzmittel helfen ihnen dabei, mit ihrer Situation umzugehen.

Man kann jedoch selbst einiges dazu beitragen, um die Menge an Schmerzmitteln zu reduzieren. Wer weniger leidet, benötigt weniger

Medikamente. Das Ausmaß des Leidens lässt sich bei leichten und mittleren Schmerzen bewusst vermindern. Das Prinzip ist Folgendes: Gegen Schmerzen anzukämpfen, sie abzulehnen, verstärkt die Schmerzen. Hilfreich dagegen ist die Einstellung: Ich habe die Schmerzen nun einmal, sie sind Teil meines Lebens, dennoch kann ich ein gutes Leben führen.

Eine Möglichkeit, das Leid selbst zu reduzieren und damit weniger von Schmerzmitteln abhängig zu sein, hat der deutsche Schmerzmediziner Dr. Peter Tamme in seinem Buch „Frei sein im Schmerz“ gut beschrieben. Es handelt sich um ein Selbsthilfeverfahren. Techniken der buddhistischen Achtsamkeitspraxis wurden dafür genauso herangezogen wie verschiedene Achtsamkeitsansätze in Psychotherapien. Die loslassende, gleichmütige, gelassene Sicht der Achtsamkeit wurde hier gekonnt auf das Problem der chronischen Schmerzen angewandt.

Die Methode (stark vereinfacht dargestellt): Man registriert den Schmerz und … reagiert *nicht* auf ihn. Stattdessen konzentriert man sich auf den Atem. Dann wechselt man den Standpunkt, man schaut sich selbst als Beobachter zu. Man beobachtet, was ist. Dann trennt man sich gedanklich vom Schmerz insofern, als man erkennt, dass man zwar Schmerzen hat, dass man aber nicht der Schmerz ist. Dem folgt das Akzeptieren der Situation, dann der Gleichmut und als letzter Schritt das Loslassen seiner Verstrickung mit dem Schmerz.

Mit dieser Methode kann es gelingen, die Schmerzen nicht unbedingt als leidvoll zu erleben. Ziel: Man distanziert sich von seinen bisherigen Einstellungen und Gefühlen, vom Leiden und sieht die Sache gelassener, da man erkennt, dass das Ausmaß der Schmerzen aus zwei Elementen besteht: dem objektiven Schmerz (der weiterhin der herkömmlichen Behandlung zugänglich ist) und dem subjektiven Leiden. Letzteres lässt sich durchaus von den Betroffenen selbst beeinflussen. (Mehr Infos siehe unten bei den Literaturempfehlungen.)

# Frei von Krankheitsängsten

Gesundheit ist für die Mehrheit der Bevölkerung das höchste Gut. Schlagworte wie Wellness und Work-Life-Balance drücken den zunehmenden Stellenwert eines gesunden Lebens aus. Kranksein dagegen ist gefürchtet. Selbst das Wort Krankheit wird gerne verdrängt und zunehmend durch das Wort Gesundheit ersetzt. Dennoch: Eine mögliche Krankheit ist und bleibt unser ständiger Wegbegleiter. Eine Gefährdung, die ein breites Feld für Krankheitsängste bildet. Eine Gefährdung, die sich ganze Industriezweige zunutze machen und eine Menge Geld damit verdienen. Pharmariesen erzielen Milliardengewinne und die Politik spielt mit. Das Lobbying der Konzerne trifft auf offene Ohren. Ständig werden die gesundheitlichen Soll-Standards nach oben geschraubt. Die Folge: Was gestern noch als gesund galt, ist heute grenzwertig und wird morgen als krank gelten. Siehe nur zum Beispiel die ständige Senkung der anzustrebenden Cholesterin- und Blutdruckwerte.

Von allen Ecken her tönt es „Sei gesund!“ Medien berichten so viel wie noch nie zuvor über Krankheiten und wie man sie behandeln kann. Im Internet kursieren Millionen Seiten mit „Gesundheitsinfos“, welche allzu oft blanken Unsinn in die Welt senden. Und die Menschen (von der Krankheitsindustrie nur *Patienten* genannt), was machen die? Die machen willfährig mit. Sie glauben nur allzu oft der veröffentlichten Meinung. *Dies macht schlank, jenes schön. Dies hilft gegen Schmerzen, jenes senkt den Blutdruck*.

Information über Gesundheit ist wichtig! Aber sie sollte seriös sein und fundiert. Die traurige Realität sieht anders aus, etwa so: Ein Unternehmen, das ein bestimmtes Medikament oder eine Therapieform auf dem Markt platzieren will, versprechen in Medien-Aussendungen das Blaue vom Himmel (heilwirksame Folgen) und schon steht es, oft ohne jegliches Hinterfragen, auf tausenden Internetseiten als „Tatsache" formuliert. Auch Zeitungen und Magazine sind viel zu oft unkritische Erfüllungsgehilfen der Krankheitsindustrie.

Kein Wunder also, dass sich in einer zunehmend gesundheitsbewussten Gesellschaft immer mehr Menschen Sorgen um ihr leibliches Wohl machen. Die Folge: Man läuft zu den Fachleuten, den Ärzten. Ärzte aber haben keine Zeit für ihre Patienten, Zeit wird im medizinischen System nicht abgegolten. Wer zum Arzt geht, will aber etwas Handfestes bekommen, und so werden Medikamente eingefordert und manchmal auch leichtfertig verschrieben. Glücklicherweise gibt es auch Ärzte, die den Menschen in seiner Gesamtheit sehen und ihn nicht nur mit Medikamenten abspeisen.

Menschen beruhigen sich nach dem Arztbesuch in der Regel wieder, wenn sie nach gründlicher medizinischer Untersuchung eine Entwarnung erhalten. Bei manchen Menschen aber erreicht die Sorge um die Gesundheit Ausmaße, die ihr Leben übermäßig beherrschen und die Lebensqualität erheblich beeinträchtigen. Wenn die Angst vor Krankheit das Leben dominiert, wenn immer mehr Arztbesuche doch keine Erleichterung bringen, dann liegt eine psychische Störung vor, nämlich die Hypochondrie. Hypochondrische Menschen bescheren dem Gesundheitssystem (und sich selbst!) durch ihr ständiges Drängen auf Untersuchungen („Doctor-Shopping") oft höhere Kosten als viele tatsächlich Kranke. Sie werden oft belächelt und als Simulanten abqualifiziert, aber sie leiden wirklich unter ihrer Befürchtung, krank zu sein. In vielen Fällen hilft hier nur eine Psychotherapie, um wieder Vertrauen zu sich und seinem Körper zu bekommen.

Ihnen ist egal, was in der Zeitung steht? Diäten sind nie ein Thema gewesen? Kein ängstliches Hineinhören in den Körper, wenn etwas zwickt? All das trifft auf Sie nicht zu? Sind Sie sicher? Krankheitsängste sind auf den ersten Blick oft gar nicht erkennbar. Ein Beispiel: Gerade bei sehr gesundheitsbewusst lebenden Menschen sind nicht selten Ängste Triebfeder dieser Lebenseinstellung. Hinter dem heutzutage oft übertriebenen Gesundheitsverhalten wie Fitnesskult und übergenaue Ernährungsgewohnheiten können sich Krankheitsängste verbergen. Ein Beispiel: Viele Leute laufen nicht aus Freude, sondern um ja nicht krank zu werden.

Mein Rat: Lassen Sie sich von publizierten Meinungen nicht verrückt machen. Laufen Sie nicht jedem Gesundheitstrend hinterher. Was heute als gut und richtig propagiert wird, wird in einigen Jahren längst wieder verworfen und als falsch bezeichnet werden.

Es gibt jedoch ein paar Eckpfeiler der Gesundheit, die Bestand haben dürften und deren Einhaltung die Risiken auf Krankheiten *aller Art* drastisch reduzieren:

Diese Eckpfeiler der Gesundheit sind:

- Kein Dauerstress. Gelassen, sinnvoll und mit Freude leben.
- Gefühle nicht unterdrücken, sondern sie herauslassen.
- Viel Bewegung, möglichst im Freien.
- Abwechslungsreich ernähren (Zucker, Fett und Fastfood in Grenzen halten). Wer an Übergewicht leidet: Ernährung konsequent und langfristig umstellen (viel Gemüse essen, wenig Zucker, wenig Weißmehl) und bloß keine Diäten machen.
- Nicht rauchen und es beim Alkohol nicht übertreiben.

Fertig. So einfach, so klar.

# In aller Kürze

Wenn wir das Gelesene Revue passieren lassen, was bleibt als Erkenntnis? Dass ein gelungenes, leichtes, sorg- und angstfreies, entspanntes, selbstbestimmtes Leben weitgehend in unseren eigenen Händen liegt, in unserer Verantwortung.

Wir bestimmen mit unseren Gedanken, Worten und Handlungen die Qualität unseres Lebens maßgeblich. Die Eckpfeiler eines guten Lebens sind: Selbstbestimmung statt Opferdasein, Leben mit gesunder Selbstfürsorge, frei von Lebensangst und voller Neugierde und Freude, Nein sagen zu Überforderung und Ja sagen zu dem, was uns guttut, den Augenblick genießen, das Leben entrümpeln, Belastungen abgeben, in Kontakt mit anderen treten.

Viele Bausteine ergeben ein gutes Leben. Welche Bausteine in Ihrem Leben konkret noch fehlen und wo sie vielleicht sogar zu viele Steine angehäuft haben, das können nur Sie selbst wissen. Meist braucht es keine langwierige Selbsterforschung, meist weiß man, wo die Probleme liegen. Nun geht es darum, sein Wissen umzusetzen.

# Wort zum Schluss

Wir haben nun jede Menge gelesen über die kleinen und großen Möglichkeiten, ein leichteres, freieres und erfüllteres Leben zu führen, einiges haben wir schon gekannt, anderes nicht, manches war uns so nicht wirklich bewusst. Jetzt, nach der Lektüre, können wir das Buch zusammenklappen, es weglegen und das Gelesene langsam, aber sicher wieder vergessen. So, wie wir es auch sonst immer tun. Wir interessieren uns für etwas, lesen etwas dazu und: *Danke, war interessant, jetzt muss ich dann mal wieder …*

… oder …

… wir ändern jetzt etwas in unserem Leben. Wir handeln. Wie groß die Kreise werden, die wir nun ziehen wollen, um unser Leben auszuweiten, das liegt bei uns. Wir können klein anfangen und uns langsam vortasten zu den etwas größeren Freiheiten, oder wenn wir mutig genug sind, können wir jetzt sofort unsere private Revolution ausrufen. Nieder mit den Unfreiheiten! Ab sofort bin ich mein eigener Boss! Ab sofort wird vieles anders!

Meine Erfahrung mit privaten Revolutionen: Von null auf hundert, das funktioniert nicht wirklich. Die Euphorie, die sich kurzfristig einstellt, wenn man beschließt, dass ab sofort alles anders wird, ist zwar grandios, aber rasch endend. Am nächsten Morgen wacht man auf und merkt: *Ich bin ja immer noch ich. So ein Mist.* Mein Tipp: Veränderungen gelingen, wenn sie Schritt für Schritt erfolgen und beständig durchgezogen werden. Wir haben lange gebraucht, bis wir so geworden sind, wie wir heute sind, und es wird nicht gelingen, auf Anhieb so zu werden, wie wir sein möchten. Die gute Nachricht: Wir können freier werden. Wir können unser Leben und uns ändern. Die schlechte Nachricht: Wir müssen ab sofort etwas dafür tun.

Mein Vorschlag: Holen Sie sich jeden Tag etwas Neues ins Leben. Etwas, das Sie noch nie gemacht haben. Das können große, aber auch ganz kleine Dinge sein. Etwas Neues kann auch darin bestehen, dass man etwas nicht mehr macht, etwas weglässt. Sie werden sehen, dass dieses schrittweise Vorgehen Sie und Ihr Leben langsam, aber nachhaltig verändern wird.

Veränderung bedeutet, Neues zu denken, zu sagen und vor allem zu tun (oder etwas nicht mehr zu tun).

Ein gutes Leben zu erlangen, muss uns nicht stressen. Denn es gibt kein *Muss*. Wir müssen überhaupt nichts, dafür dürfen wir viel mehr, als wir uns bisher zugestanden haben.

Machen wir uns frei. Ohne Zwang und Stress, sondern mit spielerischer Leichtigkeit. Wir genießen den Weg und freuen uns über unsere eigenen Ziele, auf die wir nun mit Freude Schritt für Schritt zugehen. Schreiten wir freudig in ein besseres Leben.

# Literaturempfehlungen


Zum Thema **Freiheit von sozialen Ängsten:**

Morschitzky, Hans / Hartl, Thomas: *Raus aus dem Schneckenhaus – Soziale Ängste überwinden.* Verlag Patmos, Stuttgart, 2. Auflage 2014.

Haischberger, Edeltraud: *Frau, stell dich auf die Füße! Die fünf großen Selbst für ein glückliches Leben.* Ennsthaler Verlag, Steyr, 2. Auflage 2016.

Zum Thema **Erfüllt leben:**

Ware, Bronnie: *5 Dinge, die Sterbende am meisten bereuen: Einsichten, die Ihr Leben verändern werden.* Verlag Goldmann, München, 2015.

Böschemeyer, Uwe: *Machen Sie sich bitte frei: Entdecken Sie Ihre Furchtlosigkeit.* Verlag Ecowin, Salzburg, 2012.

Zum Thema **Lustvoll reisen:**

Winnemuth, Meike: *Das große Los – Wie ich bei Günther Jauch eine halbe Million gewann und einfach losfuhr.* Verlag Knaus, München, 2013.

Zum Thema **Freisein von der Gedankenflut:**

Giacobbe, Giulio Cesare: *Wie Sie Ihre Hirnwichserei abstellen und stattdessen das Leben genießen.* Verlag Goldmann, München, 2005,

Tolle, Eckhart: *Jetzt! Die Kraft der Gegenwart: Ein Leitfaden zum spirituellen Erwachen.* Verlag Kamphausen, Bielefeld, 2000

Zum Thema **Freiheit von Schmerzen:**

Hartl, Thomas: *Geheilt vom Schmerz: Erfolgsgeschichten chronisch Kranker.* Verlag Überreuter, Wien 2010.

Tamme, Peter / Tamme, Iris: *Frei sein im Schmerz: Selbsthilfe durch Achtsamkeitsbasierte Schmerztherapie ABST.* Verlag BoD, Hamburg, 2. Auflage 2010.

Zum Thema **Gesundheit und Freiheit von Krankheitsängsten:**

Morschitzky, Hans / Hartl, Thomas: *Die Angst vor Krankheit – verstehen und überwinden.* Verlag Patmos, Stuttgart, 2. Auflage 2014.

Hartl, Thomas: *Lebe! Diagnose Krebs als Chance zur Veränderung.* Verlag Überreuter, Wien, 2015.

Zum Thema **Spiritualität:**

Walsch, Neale Donald: *Gespräche mit Gott,* Band 1. Goldmann Arkana, München, 2006.

Walsch, Neale Donald: *Gespräche mit Gott,* Band 2: *Gesellschaft und Bewusstseinswandel.* Goldmann, München 2008.

Walsch, Neale Donald: *Gespräche mit Gott,* Band 3: *Kosmische Weisheit.* Goldmann, München, 2008.

Zum Thema **Müßiggang:**

Hodgkinson, Tom: *Anleitung zum Müßiggang.* Insel Verlag, Berlin, 4. Auflage 2013.

Hodgkinson, Tom: *Die Kunst, frei zu sein: Handbuch für ein schönes Leben.* Heyne Verlag, München, 2009.

Zum Thema **Freiheit und Arbeit:**

Ferriss, Timothy: *Die 4-Stunden-Woche: Mehr Zeit, mehr Geld, mehr Leben.* Econ Verlag, Berlin, 2008.

Faltin, Günter: *Kopf schlägt Kapital: Die ganz andere Art, ein Unternehmen zu gründen. Von der Lust, ein Entrepreneur zu sein.* Deutscher Taschenbuch Verlag, München, 2012.

# Danksagung

Wie man leicht, erfüllt und frei leben kann und wie man mit Freude entspannt und erfüllt seine Tage verbringt, das steht auf keinem schulischen Lehrplan. Der Wunsch nach Lebendigkeit, Leichtigkeit, Freiheit von Sorgen und Ängsten und die Auseinandersetzung mit diesen Themen entsteht meist als Reaktion auf selbsterlebte Schwere und empfundene Unfreiheiten. Erst wenn wir uns belastet, unfrei, unterdrückt und unglücklich fühlen, beginnen wir über ein besseres Leben nachzudenken. Nicht anders war es auch bei mir selbst. Und so darf ich mich beim Leben bedanken, das mir genügend innere und äußere Herausforderungen zukommen ließ, sodass ich mich mit diesem Thema einfach beschäftigen musste. Auch gab es immer wieder Texte in Artikeln und Büchern, die mich berührt haben und mir ein Stück des freien und erfüllten Weges gezeigt haben. Ebenso wurden viele Menschen, die ich kennen lernen durfte, zu Vorbildern. Sie haben mich motiviert, meinen eigenen Weg einzuschlagen, der mich Schritt für Schritt hinaus aus den vielen inneren und äußeren Zwängen geführt hat und noch immer führt. Ihr Licht erhellt auch meinen Weg. Ihnen allen ein inniges Dankeschön.

Weiter bedanke ich mich bei Wolfgang Pichler. Viele gute Gespräche bei so manchem Hopfengetränk haben den Inhalt dieses Buches nicht unwesentlich beeinflusst. Mein Dank gilt auch Meike Winnemuth, deren Buch „Das große Los“ mir neue Anregungen beschert hat. Schönen Dank an Roswitha Maurhart und Mag. Monika Hartl, deren Worte ich zitiert habe, und an Werner Vogel, Günter Ickenstein und das Team von Via Nova, die vom Text dieses Buches sofort überzeugt waren und dafür gesorgt haben, dass Sie, werte Leserin, geschätzter Leser, dieses nun in Händen halten.

## Weitere Bücher aus dem Verlag Via Nova:

### Jede Angst auflösen

**Schnell, sicher und für immer**
**Peter Reiter**

2. Auflage

Hardcover, 160 Seiten, ISBN 978-3-86616-227-3

In 10 praktischen Schritten können Sie sich durch dieses Buch von all Ihren Ängsten und Sorgen befreien, allein durch die Kraft Ihres Geistes, ohne jede Vorübung und weitere Hilfsmittel. Der Bewusstseinsforscher und Therapeut Dr. Peter Reiter hat schon zahlreiche andere Verfahren entwickelt, Menschen von Leid zu erlösen und ihnen Glück und Erfüllung zu vermitteln. Hier stellt er eine sichere und leicht gangbare Methode vor, Ängste durch Bewusstseinsänderung dauerhaft aufzulösen und das in jeder Angst verborgene Geschenk zu entdecken und zu nutzen. Beispiele zahlreicher Menschen, die diese sensationelle Wirkung bereits erfahren haben und bestätigen, überzeugen.

### Innere Stärke

**Halt und Orientierung im alltäglichen Leben**
**Franz Decker**

Taschenbuch, 192 Seiten, ISBN 978-3-86616-307-2

Glücklich und mit sich selbst im Einklang zu leben, den Widerständen des Alltags, inneren Zweifeln, starken Belastungen und selbst Lebenseinbrüchen zu trotzen und positiv zu begegnen – all das lässt sich trainieren. Mit diesem Buch des erfahrenen Lebens- und Mental-Beraters Prof. Dr. Franz Decker erhalten Sie viele wertvolle Anregungen, Tipps, Techniken und Methoden, wie Sie innere Stärke sowie Selbstvertrauen entwickeln und eigene Kraftquellen neu erschließen können. Wer es beherzigt, ist gewappnet für die „Stürme des Lebens", und den wirft so schnell nichts mehr aus seiner Lebensbahn!

### Warum lebe ich?

**Wie ich meine Lebens-Lernaufgaben erkennen und lösen kann**
**Matt Galan Abend**

Hardcover, 144 Seiten, ISBN 978-3-86616-331-7

Nichts in dieser Schöpfung geschieht zufällig – davon ist der Autor dieses Buches aufgrund Jahrzehnte langer Arbeit mit Menschen zutiefst überzeugt. Seine Botschaft: Hinter allen sich wiederholenden Dramen des Alltags stecken die zentralen Lernaufgaben unseres Lebens. Erst wer sie wirklich erkennt und sich ihnen stellt, erfährt jene Meisterschaft, die zu tiefer Ruhe und Gelassenheit führt. Dieses Buch hilft, seine wahre Lebensaufgabe zu erkennen. Wenn das nicht geschieht, werden wir so lange Leid und Enttäuschungen erfahren, bis sie uns bewusst wird und wir beginnen, sie zu verwirklichen. Wer versteht, dass das Leben sein bester Lehrmeister ist, weiß auch, dass er vom Großen Ganzen stets geführt, geschützt und getragen ist! Und wenn wirklich nichts zufällig geschieht, dann auch nicht, dass Sie jetzt dieses Buch entdeckt haben.

## Dimensionen des Bewusstseins

**Allein oder All-Eins**

**Alexander Jürries**

Paperback, 256 Seiten, ISBN 978-3-86616-365-2

Mit dem Bewusstsein das Bewusstsein erforschen, geht das überhaupt? Sicher ist , sollten Sie sich dazu entscheiden, dieses Buch zu lesen, dann werden Sie diesen und anderen unglaublich spannenden Fragen begegnen und vielleicht sogar Antworten finden, die Ihr Bewusstsein erweitern. Sind Sie bereit für eine selten spannende Reise durch die Welt der Evolution des Bewusstseins, abenteuerliche Entdeckungen diesseits und jenseits von Philosophie, Spiritualität und wissenschaftlichen Erkenntnissen? Fragen, die Sie sich (oder Ihr Bewusstsein) schon immer mal stellen wollten, aber vielleicht dachten Sie, es gebe gar keine Antworten darauf. Wenn Sie dieses Buch jetzt nicht lesen, werden Sie sich vielleicht ein Leben lang fragen, ob Sie nicht etwas ganz Wesentliches verpasst haben!

## Die Kunst der heiteren Gelassenheit

**Urs-Beat Fringeli**

Taschenbuch, 176 Seiten, ISBN 978-3-86616-381-2

*„Ändern wir, was wir ändern können,*
*lassen wir los, was wir nicht ändern können!"*

Kennen Sie auch diese tiefe Sehnsucht, endlich innerlich zur Ruhe zu kommen? In diesen äußerlich bewegten, unsicheren Zeiten ist dies gar nicht so leicht - und doch möglich! Das beweist dieses Buch: Es lehrt uns Gelassenheit und zeigt, wie wir diese so kostbaren Eigenschaften einüben und ganz real in unseren Alltag integrieren können. Zeitlose spirituelle Weisheiten und mitunter wundervoll einfache und praktische Anregungen geleiten uns geduldig auf den Weg zu mehr innerem Frieden. Lassen Sie sich von den Einsichten und Erkenntnissen dieses Buches führen, gewinnen Sie neue wertvolle Perspektiven für Ihr Leben und erfahren Sie so einen einzigartigen inneren Reichtum: das Glück der heiteren Gelassenheit!

## Praxisbuch Entscheidungen

**Martin R. Mayer**

Paperback, 128 Seiten, ISBN 978-3-86616-230-3

Laufend stehen wir vor der Aufgabe, Entscheidungen zu treffen. Vielen fällt es schwer, sich zu entscheiden. Manche treffen ungünstige Entscheidungen, die sie später bereuen. Es lohnt also, sich damit zu beschäftigen, wie man sich sach- und personengemäß entscheiden kann. Dieses Buch bringt alle Informationen, die man braucht, um sich angemessen entscheiden zu können. Es berücksichtigt die neuesten Erkenntnisse der Gehirnforschung, zeigt Entscheidungstechniken auf und erörtert mögliche Schwierigkeiten. Es ist verständlich und lebendig geschrieben, ein Buch für die Praxis, besonders für Jugendliche und Manager.

## Radikales Erwachen

**Nimm dich im Alltag ganz an**

**Jeff Foster**

2. Auflage

Hardcover, 256 Seiten, ISBN 978-3-86616-282-2

Jeder spirituell Suchende sehnt sich nach Einssein, Freiheit und bedingungsloser Liebe, „anzukommen" und im Hier und Jetzt vollständig aufzuwachen. Wer es liest, begegnet keinem neuen spirituellen Konzept, keiner Theorie, sondern der Einfachheit, Schönheit und Tiefe einer überwältigenden Erfahrung. Lebensnah, humorvoll, berührend und im besten Sinne radikal in seiner Direktheit zeigt Jeff Foster, wie die vollkommene Akzeptanz des Lebens und der Gefühle zur Freiheit führen und alles verwandeln kann. In jeder Zeile ist spürbar, dass er aus der eigenen lebendigen Erfahrung schöpft, und so geraten wir schon beim Lesen in den erfrischenden Sog der Freiheit.

## Aufbruch zum Durchbruch

**Die 10 Prinzipien ganzheitlicher Lebensgestaltung**

**Boris Pikula**

Hardcover, 192 Seiten, ISBN 978-3-86616-314-0

„Viel wichtiger als das, was Sie einmal waren, ist, wer Sie vorhaben zu sein". Und jetzt – immer nur jetzt! – ist der Moment, aus dem Gewohnten herauszutreten und sich neuen Erfahrungen zu öffnen. Worauf warten? Nutzen Sie dieses wegweisende Buch zum intensiven Überdenken und „Nachspüren" Ihres gegenwärtigen Lebens! Zu allen Lebensthemen gibt es nicht nur wertvolle Inspirationen und Impulse, sondern auch ganz pragmatische Hinweise, sein Leben sinnvoll und rundum erfüllend zu gestalten. Denn der Wandel beginnt immer in einem selbst. Nutzen Sie eine grandiose Chance für sich selbst, um endlich „aufzubrechen" in eine neue Dimension des eigenen Daseins! Die Zeit ist reif!

## Aufstand für das Leben

**Vision für eine lebenswerte Erde**

**Claus Eurich**

Hardcover, 120 Seiten, ISBN 978-3-86616-378-2

Keine Frage: Wir leben in einer sehr besonderen Epoche der Menschheitsgeschichte und vielleicht entscheidet sich jetzt gerade die Zukunft unserer Spezies. Sich ungeschönt all die negativen Entwicklungen zu vergegenwärtigen und zugleich Mut und Hoffnung zu bewahren, scheint kein leichtes Unterfangen. Dass dies möglich und nötig ist - und zwar in tiefgründigster Weise - ,zeigt dieses Buch mit Bravour. Anspruchsvoll reflektiert, nuanciert betrachtet und profund in historische und gegenwärtige Zusammenhänge gestellt, begegnen wir hier der unveränderlichen Kraft des Visionären. Diese Erkundungen am Rande des Möglichen und Machbaren sind ein überzeugend kraftvolles Plädoyer für das lichtvolle „Sichausrichten" in Gegenwart und Zukunft. Ein einzigartiger philosophisch - spiritueller Lesegenuss!